MINOR
MAKES
MAJOR

푸더바
산문집

**마이너 서브컬처 매거진
밑바닥 생존기**

푸싱 더 바운더리

Z

MINOR MAKES MAJOR

서브컬처는 당신의 인생을
바꿀 수 있습니다

프롤로그

이거 왜 잘됨?
(진짜 모름)

안녕하세요. 푸씨 중 최고 푸더바입니다.

작년까지만 해도 푸바오가 최고였지만, 지금은 사라진 관계로 이제 그 자리는 제 차지로군요. 푸더바라는 사람을 모르고 이 책을 서점이나 예스24 같은 온라인서점에서 표지만 보고 고른 사람이 있을까요? 표지 디자이너분의 땀과 눈물이 헛되지 않았군요, 무한한 감사를 표합니다.

무슨 글을 적어야 할지 고민이 많습니다. 그도 그럴 것이

저에게 '프롤로그' 파트는 볼 것도 없이
쌩하고 넘어가는, 말하자면 급식에 나오는
코다리 조림 같은 파트거든요.

다만 코다리 조림만 나오면 환장해서
급식판을 코다리 조림으로만 가득 채우는
괴인들이 있듯, 프롤로그를 주의 깊게
읽어주실 고마운 독자분이 계실 것을
알기에 몇 자 적어봅니다.

우선 저를 모르시는 분들을 위해 잠시 소개하겠습니다. 나이는
22살 잔나비띠 평범하디 평범한 남성, 특징이랄 게 없는 노잼
인간의 인생이지만 그래도 몇 가지 뽑아보자면,

썩은 동태 같은 눈으로 학창 시절 별명 엠앤엠즈
강아지를 좋아하지만, 강아지 털 알레르기가 있는 저주를
받음
현재 대상포진에 걸려서 타자 하나 칠 때마다 오열 중

정도가 있겠네요.

이런 놈을 믿고 프로젝트를 맡겨주신 출판사 대표님의 용기에 박수 한번 부탁드립니다. 어떻게 이 하찮은 제가 종이 아깝게시리 산문집을 출간할 수 있었냐고 물으신다면, 그건 아마 제 유일한 자부심인 인스타그램의 8만 팔로워분들 덕분이겠지요.

그렇습니다. 저에게는 천군만마 부럽지 않은 8만 명의 사이버 친구들이 있습니다. 과연 제가 이런 분에 넘치는 사랑을 받을 수 있었던 이유는 무엇일까요. 인스타그램 키워서 광고비 좀 짭짤하게 벌고 싶은 분들 주목! 바로 지금입니다, 노트를 펴세요. 약 1년 반 만에 8만 명의 팔로워를 모을 수 있었던 제 비결은

.

.

.

저도 잘 모르겠습니다.

아무래도 운 같긴 한데, 운이라고 하면 뭔가 좀 가오 상하잖아요? 푸더바 인스타그램 계정은 원래 브런치에 쓰던 글을 그대로 옮겨 적는 계정이었습니다. 약 200명 정도의 팔로워를 갖고 있고, 가끔 "@인스타 서윤맘: 피드가 너무 예뻐서 댓글 달아요^^ 지금 제 계정에서 효소 공구 중인데 한번 방문 부탁드려요~" 정도의 댓글이 올라오는 작고 아담한 채널이었다고요.

이랬던 제가 이제는 광고도 받고 뉴스에도 나오고 이렇게 책까지 내게 되었습니다. 무엇보다 월세도 빼먹지 않고 꼬박꼬박 내고 있으니 개과천선했다 해도 과언이 아니겠군요.

각설하고, 이 책은 인스타그램에서의 푸더바와 같이, 제가 좋아하는 모든 것에 대해 자유분방하게 소개하면서도 그와 관련한 저의 개인적인 이야기를 덧붙이는 형태로 구성되어 있습니다. 말을 거창하게 했지만, 그냥 제가 하고 싶은 이야기를 꾸밈없이 썼다고 생각하시면 됩니다.

푸더바식으로 말하자면 글을 '썼다'기보다는 '쌌다'는 표현이 더 올바르겠네요.

그런 만큼 여러분들도 순서대로 읽어야 한다는 부담 없이 아무 페이지나 펴서 숨김없는 저의 이야기를 즐겨주신다면 감사하겠습니다. **느낀 그대로를 솔직하게 말하지 않는 건 다 큰 어른들이나 하는 짓이잖아요?** 하여 한 점의 거짓 없이 쓰려 노력했으니 이 책을 읽는다면 저라는 사람의 90퍼센트 정도는 알 수 있게 되겠군요.

책에는 제가 그동안 영감을 받거나 창작의 주요한 레퍼런스가 된 다양한 콘텐츠도 다수 등장하는데요. 그 목록을 한눈에 볼 수 있도록 책 말미에 부록으로 정리했습니다. 아마 그 목록을 보는 것만으로도 푸더바의 정신세계를 조금은 유추할 수 있을 겁니다.

제가 그 정도로 가치 있는 사람인지는 모르겠지만, 분명 재미는 있을 겁니다. 여러분이 나무위키 탐방하는 것도 뭐 유익한 정보 얻으려고 보는 건 솔직히 아니잖아요. 그냥 재밌어서 보다가 나도 모르게 쏠쏠한 정보까지 덤으로 얻어가는 거지. 제 책도 그런 느낌일 거라고 생각되네요. 아무튼 준비되셨으면 어서 페이지를 넘겨 싱글벙글 혐오스러운 푸더바의 일생을 확인하러 가보시죠.

2025년 9월 푸더바 쌤

독자에게

책에는 저자 푸더바의 개성과 정체성을 그대로 드러내기 위해, 다양한 인터넷 밈과 거기에서 파생된 신조어와 은어, 속어 등을 그대로 실었습니다. 이에 따라 일부 표준어 규정에 맞지 않는 표현이 있을 수 있음을 미리 밝힙니다.

프롤로그_ 이거 왜 잘됨? (진짜 모름)   5

PART 1 취향
아... 사람들은 이상한 걸 좋아하는구나?

#1   실패의 악마   19

#2   너 그런 거 보니? 으아악 맞아   27

#3   어쩔 수 없어서 한 건 어쩔 수 없이 구려   33

    CURATION 1   마운틴듀를 마시면 귀찮은 일을 피해갈 수 있습니다   42

#4   역사의 간지, 대 매거진 시대   49

    INTERVIEW 1   그들의 '시작'   57

#5   얼떨결에 큰 성공하세요   69

#6   사람들은 거지를 보지만 거지는 사람들을 본다   77

    CURATION 2   상실의 시대 속 낭만은 사치래   86

PART 2 도전

처음으로 이 일을
계속 하고 싶다는 생각이 들었다

#7	큰일이 났어 뉴스를 잘 봐	95
#8	굿즈를 팔자! (上)	103
#9	굿즈를 팔자! (下)	111
CURATION 3	돌 던질 때는 무조건 같이 던져야 돼	118
#10	그때는 알 수 없었지요	127
#11	팔랑팔랑 팔랑이는 나비	133
#12	우리가 살아남는 법	141
INTERVIEW 2	'팬베이스'를 쌓기 위한 노력	147
CURATION 4	불편하면 자세를 고쳐 앉아	154

PART 3 개성

본인이 X신이라는 걸
인정하는 순간부터 인생은 재밌어진다

#13 Kyo야 사랑을 해봤니   161

#14 팝업을 열자! (上)   167

#15 팝업을 열자! (下)   173

    (CURATION 5) 나 그녀랑 헤어졌어 그녀가 힙합이 아니어서   182

    INTERVIEW 3 태호서울의 수장 권태호   187

#16 대체 불가능한 사람은 대체 어떻게 되는 거람 (上)   197

#17 대체 불가능한 사람은 대체 어떻게 되는 거람 (下)   203

#18 오대수는 말이 너무 많아요   211

    (CURATION 6) 힙스터들의 성지를 찾아서   218

PART 4 성공

월세도 안 밀리고
꼬박꼬박 잘 내고 있는 내가 문득 자랑스럽다

#19 우리는 속옷도 생겼고 여자도 늘었다네   237

#20 아, 성공 언제하지... 일단 과제부터 하자   245

#21 신이 했어   253

    CURATION 7 지상 최대의 장기매매범   262

#22 뿌린 대로 거두리라   271

#23 책을 쓰는 이유   277

#24 푸싱 더 바운더리   281

    CURATION 8 그날 밤 모정돼지는 울다 지쳐 잠이 들었다   290

에필로그_ 전격! 푸더바 인터뷰   299
INDEX   312
힙스터 빙고   316

취향

PART 1

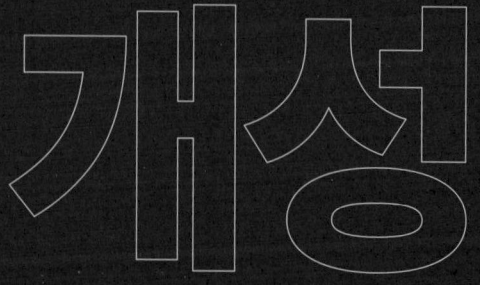
개성

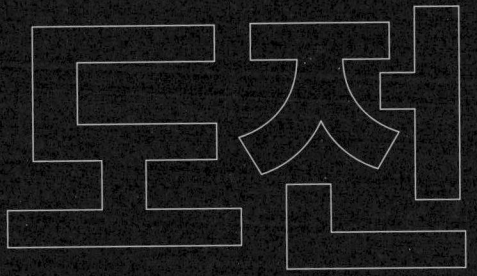

**아... 사람들은
이상한 걸 좋아하는구나?**

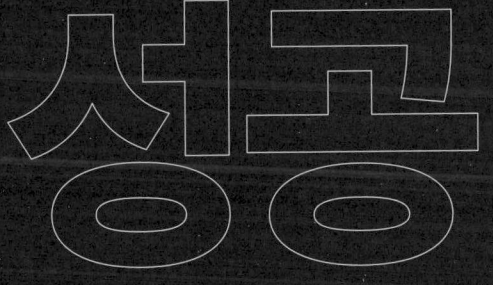

#1

실패의 악마

나를 처음 보는 사람들은 공통적으로 피곤해 보인다는 말을 한다. 턱 밑까지 내려온 다크서클을 보면 푸바오가 돌아왔다고 해도 믿을 정도다. 그러나 이런 의욕 없어 보이는 비주얼과는 달리 나는 꽤 야망이 있다. 아니, 야망이 넘친다는 표현이 적합하겠다.

고등학생 때도 다를 건 없었다. 성공을 하고 싶었다. 그저 그런 성공 말고, 나중에 동창회에 가면 내 이야기로만 가득 차게 될 정도로 개큰 성공 말이다. 하지만 에미넴 가라사대 꿈은 높은데

내 현실은 시궁창에 있었다.[※]

"공부하기 싫다."

대한민국의 학생이라면 모두가 느끼는 감정이다. 그러나 나는 그냥 싫은 게 아니라 진짜 존나 싫었다. 얼마나 하기 싫었냐면, 공부 따위 개나 줘버리고 당시 유행하던 스마트스토어 창업을 했을 정도였으니까. 가라는 학교는 안 가고 코스트코에서 단백질 파우더를 사서 인터넷으로 파는 게 내 일상이었다.

공부에 대한 회피로 창업에 눈독을 들인 것도 있지만, 그보다 더 큰 목적은 꿈과 관련이 있었다. 시인이 되고 싶다는 야심 찬 꿈. 내가 지금 공부하고 있는 시간이 시인이라는 꿈에 도움이 될 수 있을까, 하는 의문이 항상 있었다. 결국 나는 차라리 돈이나 많이 벌어 진로에 투자할 심산으로 공부를 과감하게 포기해버리는 레전드 판단을 해버리고야 말았다.
과거로 돌아갈 수 있다면 내게 트라이앵글 초크를 걸어 만류하고 싶을 만큼 멍청한 생각이지만, 고등학생 1학년이 뭘 알겠는가. 정신을 차리고 보니 나는 친구와 사업자 등록증을

[※] 에미넴은 자신이 직접 연출, 주연을 맡은 영화 <8마일>에서 "꿈은 높은데 현실은 시궁창이야"라는 대사를 뱉었다.

내고 있었다.

사업은 내 생각보다 훨씬 힘들었다. 학업은 공부한 만큼 성적이라는 지표가 따박따박 나오지만, 이건 그렇지 않았다. 나 같은 경우엔 대략 두 달간은 아무런 소득이 없었던 까닭에 생지옥을 경험해야만 했다.

매출이 생긴 후에도 날마다 쏟아지는 고객들의 클레임 때문에 항상 불안에 시달렸다. 한번은 프로틴 가루를 다른 맛으로 발송해 헬창 손님에게 거하게 쌍욕을 먹은 적도 있었고, 판매한 지 한 달이 지난 카놀라유를 반품해달라고 바락바락 소리를 지르는 손님 때문에 애를 먹은 적도 있었다.

아무튼 이런저런 이유로 머지않아 사업은 접게 되었다. 그때가 사업을 시작하고 1년 하고도 6개월이 지난 시점이다.

공부와는 당연히 담을 쌓았고, 일을 한답시고 정작 시 쓰기는 멀리 한 채 시간만 흘러갔다. 그 덕분에 평균 8등급이라는 성적만 남긴 채 내 야심 찬 계획은 개같이 망해버렸다. 우울감에 아무것도 하지 않으며 침대에만 있었던 기억이 난다. 유일한 취미라면 허벅지 벅벅 긁으면서 디시인사이드 카툰연재갤러리를 보는 것. (이때 처음 「모정돼지」☞ 를 만났다.)

그토록 갈망하던 문예창작과 입시도 녹록하지 않았다. 2차 실기에서 나희덕 시인이 참관하는 걸 보고 너무 긴장을 해버려서 시간 내에 시를 완성하지 못했고, 면접에서는 아무런 말도 못하고 3분 동안 어버버거리다 떨어지기도 했다. 겨우 성적 맞춰서 국어국문학과에 입학했지만, 전혀 만족스러운 결과는 아니었다.

호기롭게 도전해본 웹소설 공모전도 탈락했다. 무려 반년간 집필해온 작품이지만, 끝내 떨어지고 말았다. 제목이 대충 뭐 '회귀한 조폭 두목이 여경...' 어쩌구였는데 너무 쪽팔리니 공개하진 않겠다.

☞ 내 삶에 적지 않은 영향을 미친 작자 미상의 만화.
자세한 리뷰는 책 마지막 부분에 등장한다.

실패가 계속되면 사람은 짐승이 된다. 당시 나는 방에서 만화를 보다가 엄마가 들어오면 바락바락 화를 내는 못난 아들이자, 졸려 지쳐서 잠에 들 때까지 VR CHAT만 하는 폐인이었다. 언제나 내 안에 의욕을 가득 채워줬던 꿈은 이미 저 멀리 사라진 채 시치미를 떼고 있었고, 나는 어느새 도전하기를 두려워하는 인간이 되어 있었다.
후지모토 타츠키☞가 만화의 악마라면, 나는 실패의 악마였다.

그쯤에 만든 게 '푸더바' 인스타그램 계정이다. 원래 브런치에 글을 쓰는 취미가 있었는데, 할 것도 없겠다 그걸 인스타에 옮기자는 취지로 개설했다. 이것저것 잡나한 길 올리고 있었는데 어느 순간, "정신이 피폐해지는 소설 TOP 6"이라는 게시물이 빵 터져버렸다. 그때 대학교 전공 수업을 듣고 있었는데 핸드폰이 루피 고무고무 총난타를 맞은 것마냥 끊임없이 울려대서 반 죽일 듯한 눈으로 나를 보던 교수님의 표정이 아직도 생생하다.

당연히 기뻤지만, 그보단 "이게 왜 떴지?"라는 생각이 앞섰다. 그렇게 생각하고 생각하다 보니 도리어 복잡해졌다.

☞ 일본의 만화가. 그의 히트작 <체인소맨>에는 수많은 '악마'가 등장한다.

푸더바

정신이 피폐해지는 소설 TOP6

==후술하겠지만, 나는 남들이 보지 않는 것을 보고, 듣지 않는 것을 들으며 지적 허영심을 느끼는 악취미를 가진 인간이다.==
학교 도서관에서 아무에게도 선택받지 않아 거의 새 책 냄새 풀풀 풍길 것 같은 책들을 소개한 내 콘텐츠가 사람들의 열렬한 반응을 얻은 거다.

'대체 왜?'

아이러니한 상황, 그러나 하나만큼은 분명히 알 수 있었다. 이건 하찮은 내 인생에 굴러떨어진 마지막일지도 모르는 기회다. 반신반의하는 마음으로 비슷한 유형의 게시물 "보고 나면 후유증 심한 영화 TOP 7"을 포스팅했다. 그 결과, 이번에는 전과 비교도 할 수 없는 더욱 뜨거운 반응을 얻었다. 의심이 확신으로 변하는 순간이었다.

==' 아... 사람들은 이상한 걸 좋아하는구나?'==

푸더바는 그렇게 시작했다.

#2

너 그런 거 보니?
으아악 맞아

내 해괴망측한 취향의 기원은 어디였을까. 때는 초등학생 시절,

"야, 얘 이상한 거 봐!"

하필이면 그놈, 오목 두고 있으면 옆에 와서 알짱거리다가 한 번씩 영양가 없는 훈수를 두던 그놈한테 비밀스러운 카톡 테마를 들켜버렸다. 여기서 그치지 않고, 내 민트색 갤럭시 알파를 휙 낚아채더니 동네방네 떠벌리고 다니기까지 했다.

해맑은 얼굴로 손을 쫘악 뻗고 있는 스마트폰 속 타카나시 릿카[*]는 그렇게 만천하에 공개되고 말았다. 초등학교 5학년 때의 일이다.

중학교 때는 『한없이 투명에 가까운 블루』를 읽다가 걸렸고, 고등학교 때는 초록불꽃소년단을 듣다가 걸렸다. 그쯤 되니 들킨 나도, 들춰낸 그들도 무던해졌다. 그 후부터 나는 그냥 이상한 거 보고 이상한 거 듣는 이상한 애가 되었다. "너 그런 거 보니?"라는 질문에 비로소 "으아악 맞아"라고 대답할 정도로 훌륭한 힙스터로 성장한 시점이다.

고백하자면, 초딩 때 내 스마트폰을 훔쳐 동네방네 소문낸 그 친구가 딱히 원망스럽지 않았다. 사실 조금 좋기까지 했다. 이상하다는 건 다르다는 거고, 다르다는 건 내게 각별했으니까. 고선경 시인과 걸그룹 키키의 협업 프로젝트 시에는 이런 문장이 있다.

"콤플렉스가 있다면 들키고 싶다는 거."

☞ 중2병을 소재로 다룬 일본 라이트 노벨의 여주인공.

콤플렉스가 아프고 슬픈 것으로 취급될지라도, 인간은 서로를 사랑하기에 그조차 들키고 싶어 한다는 말 같았다. 어쩌면 콤플렉스는 자기 자신을 가장 잘 나타낼 수 있는 내밀한 힌트가 될지도 모르니까. 이런 면에서 내가 즐기는 마이너한 문화는 고선경 시인이 표현한 콤플렉스와 비슷하다.

내가 좋아하는 작품들은 학창 시절 수없이 들어왔던 말처럼 늘 '이상한 거'로 취급됐다. 그런 인식 때문에 내 취향을 드러내기가 부끄럽기도 했지만, 한 명이라도 관심을 가져줬으면 하는 마음도 있었다. 시간과 애정을 쏟으며 즐긴 소중한 작품을 살펴봐주면 이들과 나도 가까워지지 않을까 하는 생각이었다.

푸더바로 이런 작품들을 소개하고 생각하지도 못한 반응을 얻었을 때, 두고두고 기뻤다. 무시 받던 문화에 관심을 갖고, 나아가 그것을 이해하려는 사람이 점점 모여들다니. 사람들이 깔보던 작품들에 이제는 약 8만 명이나 되는 사람들이 뜨거운 관심을 가져준다. 사람들이 묻는 "너 그런 거 보니?"는 내게 더 이상 부정의 의미가 아닌, 소중한 호기심이 되었다.

나의 콤플렉스 같은 작품들을 봐주는 팬들. 개중에는 만화『잘 자, 푼푼』을 보며 성장통에 대한 공감을 느끼고,『면도날』같은 소설을 읽으며 삶에 대한 희망을 얻고, 언니네 이발관 노래를 들으며 위로를 받았다는 사람도 있다. 내가 느낀 감정과 놀라울 만큼 동일한 감정이다. 물론 소개자의 입장이지만, 왜인지 나를 이해받는 기분이 들었다.

원의독백이 "내가 먹는 것이 나다"라는 격언을 "내가 보는 것이 나다"로 변주하여 표현한 적이 있다. 깊게 공감하는 바다. 실제로 내 정체성을 구성하는 건 대부분 내가 평소에 좋아하는 작품들이다. 그렇다면, 내가 추천한 작품들을 본 사람들은 결국 나를 본 거나 다름이 없지 않을까. 완전히는 아니더라도... 한 72퍼센트 정도?

나와 팬들의 사이가 친밀한 것도 이런 이유 때문이 아닐까. 팝업 같은 오프라인 행사에서 팬을 만날 때면 작품 얘기밖에 안

한다. 곱게 자란 부잣집 도련님은 결코 볼 일 없을 이상한 만화 얘기를 하면서 웃고 떠들다 보면 처음엔 어색했던 사이도 금세 친구가 된다. 마치 지저분한 원룸방에 친구를 초대해 평소에는 쉽게 하지 못하는 이야기를 나누는 기분을 느낀다.

만약 내가 '멜론 TOP 100' 들으면서 '엽떡'에 '허니콤보' 먹고 '천만영화'만 챙겨 보는 그런 인간이었다면 결코 하지 못할 경험들. 나의 고약한 취향이 새삼 소중하게 느껴지는 요즘이다.

#3

어쩔 수 없어서 한 건
어쩔 수 없이 구려

수능이 끝나자마자 하게 된 건 뷔페 알바다. 뷔페 알바가 하는 일을 대충 설명하자면 이렇다.

손님이 오기 전에 테이블 세팅하기
랩핑되어 있는 음식 까기
손님 접시에 스테이크 나눠주기
다 먹고 남은 접시 치우기
짬 버리기
손님이 빠지면 홀 청소하기

위의 일들을 오전 9시부터 오후 11시까지 반복

고되다면 고된 일이지만, 몸만 있으면 할 수 있는 일 중에 그렇지 않은 게 어디 있겠는가. 사실 어디를 가든 가장 힘든 건 몸보다는 마음이다. 살면서 처음 보는 사람에게 욕을 먹을 때의 서러움과, 이곳에서 6년을 일했다는 28살의 매니저 형(이름만 매니저지 일반 알바와 같은 돈을 받는다)을 보며 느낀 섬뜩함 같은 것에 나는 지칠 대로 지치고 말았다.

그러나 무엇보다 최악인 건 이곳에서 점점 적응해가는 나의 모습이었다. 새로 들어온 신입이 접시를 깨는 걸 보고 있노라면 화가 부글부글 났지만, 반말 찍찍 뱉는 배 나온 아저씨가 팁이라도 주는 날에는 그 아저씨 구두라도 닦을 수 있었다. **접시를 수백 번 빼느라 몸에 밴 짬내 보다도 이런 나의 위선이, 일이 끝나고 집으로 돌아가는 버스에서 창가에 기대 쉬고 있는 나를 지독하게 괴롭혔다.**

'아, 추해라.'

난생 처음 본 사람에게 고개 숙이며 속으로는 '그래, 이런 게 사회생활이지'라며 위안 삼거나, 일 못하는 신입에게 한숨 푹푹 쉬며 대놓고 눈치를 주는 나를 보며 한 생각이다. 이게 정녕 내 그릇의 크기인가. 시간이 지나 알바 하는 곳이 뷔페에서 피시방으로 변했지만 상황은 바뀌지 않았다. 바뀐 것이라고는 대충대충 혼나지 않을 정도로만 일하며 이것이 '요령'이라고 말하는 뻔뻔함이 탑재된 정도.

내가 한창 피시방에서 일을 했을 때는 막 푸더바를 시삭했을 즈음이었다. 초반에 잠깐 떴다가 미적지근한 관심을 받았던 하꼬 시절이 그때다. 야간 알바라서 밤낮이 완전히 바뀐 상태로 목요일부터 일요일까지는 밤을 새며 피시방에서 일했다. 그리고 월요일부터 수요일까지는 새벽 내내 키보드를 딸깍이며 게시물을 만들었던 기억이 난다.

참 이상하게도 밤을 새는 건 둘 다 똑같았지만 한쪽은 무지막지하게 고통스러웠고 한쪽은 무지막지하게 행복했다.

다 던져버리고 게시물만 만들고 싶은 마음을 빈곤한 지갑을 보며 몇 번이고 참았다. 그러다 한 번은 재떨이를 청소하는 날, 담배꽁초를 싸고 있는 호일에 손가락이 베여 상처가 난 적이 있다. 희한하게 하트 모양으로 난 상처였다. 아팠는데 예뻤다.

상처는 여러모로 거슬렸다. 설거지 할 때 자꾸 물이 들어가서 아프고, 걸레 빨 때 힘줘서 아프고, 비빔면 물기 터느라 아팠다. 결국 혼나지 않을 정도로 했던 일 수준이 혼날 정도까지 떨어져버리고 말았다. 일은 안 도와주고 맨날 옆에서 루리웹만 하면서 잔소리하는 그 사장은 침을 튀겨가며 화를 냈다.

그날 돌아가자마자 노트북을 켜고 게시물을 만들었다. 타이핑을 하느라 상처가 자꾸만 벌어지는데도 멈출 수가 없었다. 그런 나를 보며 순간 든 생각.

'아까 일할 때 아프다는 거 핑계였구나. 사장이 화낼 만했네.'

그리고 또 하나,

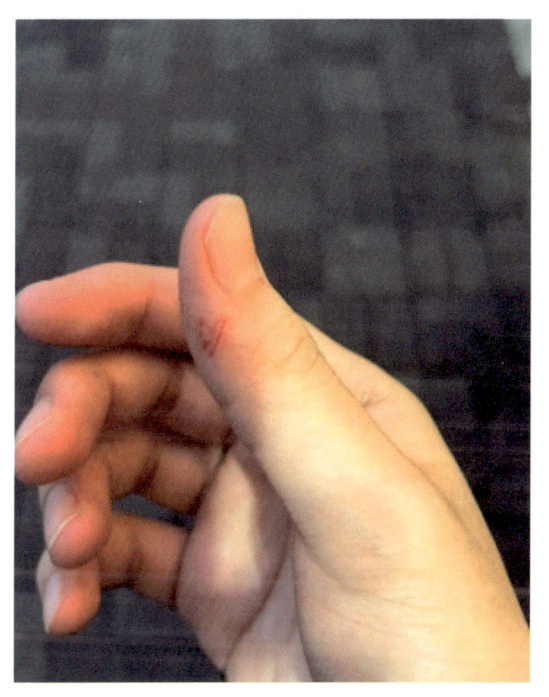

"나 이걸 정말 좋아하는구나."

머지않아 일은 그만두었다. 배부른 돼지보다 배고픈 푸더바가 낫다는 생각이었다. 어쩔 수 없이 하는 건 어쩔 수 없이 구려서, 어쩔 수 없이 좋아하는 일을 할 수밖에 없었다.

Pushing The Boundary

마운틴듀를 마시면
귀찮은 일을
피해갈 수 있습니다

Name   마운틴듀
Category   음료 > 청량음료
Release Year 1999

나는 나를 파괴할 권리가 있다

마운틴듀는 초등학교 6학년 때부터 알았다. 한창 '남들과 다른 것'에 빠져 살 때였다. 이를테면 김광석의 「너무 깊게 생각하지 마」를 컬러링으로 해둔다든지, 배경화면을 미국 애니메이션 <비비스와 버트헤드> 어느 한 장면으로 해둔다든지, 『어떤 과학의 초전자포』에 나오는 미사카 미코토를 따라 하기 위해 주머니에 언제든 동전 하나를 구비해둔다든지.✐

아무튼 나에게는 그런 남들이 듣지 않는 것을 듣고, 남들이 보지 않는 것을 보며 꺼드럭거리는 악취미가 있었더랬다. 내가 마운틴듀를 선택했던 것도 같은 까닭에서였다.

집 바로 옆 미니스톱은 그야말로 악마의 상권에 위치해 있었다. 우리집 현관에서 10초도 안 걸리는 거리인데다, 국뽕티비의 유튜브 썸네일맹키로 어그로가 상당해서 무력한 초등학생 따위는 등하교 때마다 한 번씩은 꼭 들러야만 했다.

☞ 주인공 미사카 미코토는 언제 어디서든 코인만 있으면 가공할 위력의 레일건(초전자포)을 발사할 수 있다.

그날도 학교 가기 전에 미니스톱 출입문을 힘껏 열고 음료수 매대 앞에 서서 어떤 걸 먹을지 고민하던 차였다. 그런데 하필이면 그날따라 코카콜라나 칠성사이다 같은 투메 ☞ 음료수는 땡기지 않았다. 내 시선은 자연스레 메인 스테이지가 아닌 구석탱이로 향했다. 그곳에서 나는 마운틴듀를 처음 만났다.

비록 구석에 진열되어 있었지만, 특유의 오묘하고 세련된 초록빛을 뽐내던 마운틴듀. 13살의 어린 푸더바는 앞으로 어떤 일이 펼쳐질지도 모른 채 그 영롱한 초록색에 홀려 그것을 집고 만 것이다. 하필이면 그날 마운틴듀가 1+1 행사를 했던 것은 운명의 장난이었을까, 축복이었을까? 다만 그 순간, 루시안 옆 나미 ☞ 마냥 내 인생을 평생토록 함께할 동반자를 만났다는 것만큼은 분명하다.

솔직히 말해서 마운틴듀는 너무 맛있다. 보통의 음료에서는 찾아볼 수 없는 과도한 시트러스의 신맛은 상상만으로도 입안에 침이 고이게 한다. 이 신맛과의 균형을 맞추기 위해 첨가된 백종원도 "아, 이건 좀..."을 외칠 만한 미친 양의

☞ '투 메인스트림'의 줄임말.
☞ <리그 오브 레전드>에 나오는 캐릭터 이름. 루시안은 전투 캐릭터, 나미는 보조 캐릭터로 둘의 조합은 환상적이다.

설탕이 주는 충만한 만족감 또한 마운틴듀만의 매력이다.

뭔 듣보여

등교길에서 이 천상의 음료를 맛본 뒤, 나머지 한 캔은 가방 뒷주머니에 꽂은 채 학교에 갔다. 점심시간이 끝난 뒤 먹기 위함이었다. 도착하자마자 재빨리 '천연 냉장고'라고 불리는 교실 창문 사이에 마운틴듀를 꽂아두고, 점심시간이 되기만을 오매불망 기다린 끝에야 캔 뚜껑을 열 수가 있었다.

그런데 너무 신명 나게 열어재낀 탓일까. 그 시끄럽다던 '초등학교의 점심시간'이 캔을 따며 생긴 청명한 소음으로 잠시 멈추어버린 것이다. 그 순간, 지금은 이름도 기억 안 나지 않는 한 놈이 내게 와 물었다.

"야, 이거 뭐냐?"

나는 찐따 특유의 소심한 톤으로 "이거... 마운틴듀..." 하고

답했다.

이어지는 대답.

"뭔 듣보여."

이 한마디에 내 반골 트리거는 풀파워로 켜져버렸다. 나는 그 뒤로 계속해서 마운틴듀를 마셨다. 적어도 내가 다니는 이 초등학교에서만큼은 마운틴듀가 듣지도 보지도 못한 음료수는 되지 않도록 마시고 마시고 또 마셨댔다.

그러다 보니 우리 반 애들은 나를 마운틴듀로 기억하더라. 내 이름을 모르는 사람은 나를 그냥 '마운틴듀 마시는 놈' 정도로 생각할 지경이었다. 그런 인식이 나쁘지는 않았다. 사실대로 말하자면, 오히려 좋았다. 내가 입 밖으로 말을 꺼내기도 전에 나를 인식하게 하는 수단, 말하자면 아이덴티티가 하나 생기는 거니까.

아무튼, 이런 이유들로 마운틴듀를 입에 달고 산다. 말하자면 내겐 이것이 일종의 MBTI요, 요즘 유행하는 에겐테토 같은 거다. 다만 내 입으로 구태여 뱉어낼 필요 없는 간편한 MBTI. 술자리에서 "○○ 씨는 MBTI가 뭐예요?", "ㅋㅋ 저 뭐 같아요? 맞춰보세요~" 식의 죽음의 2단 콤보 같은 대화도 나눌 필요가 없다. 마운틴듀를 마시면 귀찮은 일을 피해갈 수 있다. 게다가 마운틴듀는 1+1 행사를 많이 한다.

☞ 참고로 푸더바는 테토남이다.

#4

역사의 간지,
대 매거진 시대

하루에도 수십 개의 큐레이션 채널들이 생겨난다. 개중에는 기막힌 디자인으로 눈을 즐겁게 하거나, 한 장르에 대한 전문성으로 무장했거나, 천박한 드립으로 승부 보는 채널도 있었다. 마지막은 내 얘기가 맞다. 2023년, 그렇게 장르도 디자인도 천차만별인 개성 가득한 매거진으로 넘쳐났던 '대인스타 매거진 시대'가 도래했다.

이전에도 아이즈 매거진(@eyesmag) 같은 대형 매거진 채널부터 러프 매거진(@ruff.mag) 등의 1인 매거진도

있기는 했다만, 매거진 열풍이 불기 시작한 건 내가 본격적으로 푸더바를 시작한 시기와 맞물린다. 지금은 대형채널이 된 아임성민랩(현 링롱댕, @lingrongdang), 밴드붐은온다(현 AOB, @ageofband) 등이 시작한 것도 모두 이 시기다.

당시 나는 자신 있게 알바를 관두고 나왔지만, 막상 터무니없이 적은 팔로워 숫자와 허접하기 그지없는 내 계정을 바라보니 눈앞이 막막했다. 인스타그램 세계에는 쟁쟁한 경쟁자, 아니 쳐다보지도 못할 보스몹들이 가득했다. '이, 이게 뭐지…?' 처음의 설레던 감정은 사라지고 다시 불안과 압박감이 스멀스멀 올라왔다.

당시의 인스타 흐름을 대충 설명하자면,

하나, 어느 날 갑자기 신박한 채널이 하나 등장.
둘, 인스타 신에 의해 알고리즘의 점지를 받아 폭발적으로 성장.
셋, 그걸 본 다른 매거진들이 자극을 받고 미친 듯이 게시물 만듦.

마치 1990년대 홍대 인디씬을 방불케 하는 자극과 성장의 반복. 물론 감히 비할 수는 없겠지만, 온라인 세상에 작고 귀여운 역사적 흐름이 태동하는 순간이었다. 바로 이 흐름 속에서 푸더바가 태어난 것이다.

푸더바의 시작을 좀 더 자세하게 설명하자면, 첫출발은 우선 브런치였다. 이래 봬도 국어국문학과 전공인 나는 평소 글 쓰는 취미가 있었는데, 브런치 작가로 오물풍선 버금가는 수많은 똥글을 싸곤 했다.

그러다 우연히 인스타에서 에세이를 쓰고 있는 러프 매거진이라는 채널을 봤다. 끝내주는 글빨과 직관적인 썸네일. 당시만 해도 인스타에 글을 쓴다는 개념 자체가 매우 생소했던 시기, 이 채널은 충격 그 자체였다. 그때 드는 생각.

'난 병신이구나.'

그리고 동시에 드는 생각.

'나도 해야겠다.'

당장 인스타 계정을 만들고 이름을 붙였다. 원래는 유튜버 런업이 소개한 '경계를 밀어내다'라는 뜻의 'Pushing The Boundary'로 계정 이름을 지으려 했지만, 뭔가 어감이 찰지지 않아서 줄임말인 '푸더바'로 결정했다.

그 후, 고등학교 1학년 때 엄마가 사준 하이마트에서 전시용으로 썼던 그램(아직 사용 중입니다)을 꺼내 파워포인트(아직 사용 중입니다)를 켜 뚝딱뚝딱 게시물을 제작했다. 그간 고민만 하다 놓쳐버린 수백, 수천 가지 기회가 있었기에 비교적 두려움 없이 시작할 수 있었다.

큼직한 폰트와 어이없는 짤들의 조합은 당시 자주 보았던 김강토(@monkeyinthespa), 리뷰왕 김리뷰(@reviewkim) 등의 채널에서 착안한 아이디어다. 평소에 디시인사이드나 핀터레스트에서 웃긴 드립이나 사진을 보면 캡쳐해서 저장해두는 나만의 '짤만대장경'이 있는데, 이런 짤들을 과감하게 게시물에 녹여냈다.

3. 노션

노션은 장기적인 목적으로 활용할 예정이다. 나의 행보를 기록함과 동시에 충성스러운 내 고객 마련을 도모하기 위해 사용할 것이다. 또한 추후에 물리적인 한계로 내 프로젝트의 확장이 어려울 경우 추가 인원을 모집해 내 프로젝트에 참여시킬 때 노션은 좋은 도움이 될 것이다. 그들에게 잘 정리된 가이드를 제공함으로써 그들이 이 프로젝트에 적응하게끔 도와준다. 여기서 요구되는 나의 기술은 당연하게도 노션이다. 노션은 내게 익숙하지 않은 플랫폼이기에 많은 공부가 필요할 것 같다.

노션은 내 프로젝트를 체계화하는 데에 필수적인 플랫폼이다.

4. 수익화

이에 대해 이야기하기 앞서 나는 이 프로젝트를 결코 수익을 목적으로 운영하지 않는다는 것을 알리고 싶다. 이것은 나의 경험과 스펙을 쌓기 위한 용도로 운영할 것이다.

하지만 그래도 생각해보자. 단순하게 생각해본다면 우선 떠오르는 것은 광고다. 인스타를 확장시키면 당연하게도 광고가 들어올 것이다. 잡지 채널의 이점은 다양한 주제를 다루기에 다양한 제품을 광고받을 수 있다는 점에 있다. 뿐만 아니라 인스타를 키우는 동시에 브런치도 연쇄적으로 키워질 확률이 크기에 브런치에서의 수익 또한 기대가 된다.
그리고 자체적인 상품을 만들어 펀딩을 받거나 인스타 샵 운영을 도모할 수도 있다. 수후에 인스타를 운영해 브런치->인스타의 로직과 마찬가지로 인스타->유튜브로 가는 방식을 취할 수도 있다. 결국 나의 프로젝트는 성장할 수 있는 방향이 무궁무진하다.

글을 좋아하는 팔로워들을 확실히 타겟팅하는 것이 목표이다. 가령 아이즈매거진이나, 하입비스트와 같은 잡지와 저널 채널을 좋아하는 이들을 사로잡는 것이 도움이 될 것 같다.

내가 벤치마킹하는 대상은 러프 매거진(@ruff.mag)이다. 이들과 아예 똑같으면 안 되겠지만, 처음에는 꽤나 유사한 탬플릿으로 진행할 예정이다. 여기서 요구되는 기술은 포토샵이다. 이건

브런치에 쌓아둔 많은 글들 중 재밌는 혹은 반응이 좋은 글들을 채택하여 포토샵으로 편집을 거친 뒤 인스타에 포스팅하는 방식으로 진행할 것이다.

포스팅 된 게시물은 반드시 유사한 색채를 가져가야 하며, 스토리는 자유롭게 진행해도 될 것 같다.

인스타그램 게시물
하루에 1칼럼, 2소식

2023년 6월 매거진을 처음 기획했을 때 작성한 메모

그리하여 탄생, 60살 먹은 할아버지도 읽을 수 있을
법한 커다란 폰트와 얼탱이없는 이미지, 그리고 커뮤니티
짬밥으로 다져진 드립이 조합된 푸더바의 게시물들은 서서히
마니아들을 모으기 시작했다.

그러나 손쉽게 얻은 유명세에 취해 매너리즘에 빠질
새도 없이 수많은 채널들이 치고 올라왔다. 눈 뜨고
일어나면 기가 막힌 콘텐츠들이 수십 개는 피드에
쌓여 있었다. 특히 포엠매거진(@poemmag),
박물구안(@bakmulgooan.kr) 같은 채널들은 내게 정말
큰 자극이 됐다. 디자인적으로나 소재적으로나 완벽에 가까운
채널들. 콘텐츠 뜰 때마다 저장해두고 분석했던 기억이 난다.

그들의 고퀄 콘텐츠와 신박한 아이디어들은 자극을 넘어
열패감까지 느끼게 했다. 그러나 질투할 틈도 없었다. 일단
닥치고 만들어야 했다. **그리하여 나는 이 사이버 세상의
사람들을 사랑한다. 솔직히 예뻐 죽겠다. 그들 없이 골방에
박혀 앉아 홀로 게시물을 만들었다면 머지않아 도태되었을
것이 분명하다.**

일면식조차 없는 사이, 하지만 우린 분명 서로 영감을 주고받으며 성장했다. 다발적이고 폭발적이었던 우리들의 성장은 곧 판의 성장으로 이어졌고, 혹자들에게 '인스타 매거진 시대'라는 이름으로 불렸다. 그 이후로 이곳저곳에서 그들과 함께 다양한 매체에서 소개되기까지 했다. 나 또한 이 흐름에 완전히 매료되어 하루하루를 충실히 즐겼다.

하루 지나면 새로운 누군가가 또다시 떠오르고 있고, 나는 팔로우를 걸어 DM을 보내본다. 필사적으로 친한 척을 해 이야기를 나눈다. 여기에는 일종의 질투가 담겨 있지만, 영감을 얻고 싶은 순수한 열정도 담겨 있다.

그렇게 서로의 항문 냄새를 체크하는 강아지들처럼 바이브 체크 타임을 가지면 우린 곧 동료가 된다. 서로의 게시물을 칭찬하고, 노하우들을 공유하며, 기꿈은 댓글도 달아주는 동료. '외롭지 않은' 프리랜서라는 개쩌는 직업의

탄생이렷다.

다양성과 순수함으로 알고리즘이 점령되었던 그 시절이 사실 적잖이 그립다. 무언가 이루어낼 수 있겠다는 기대감이 우리의 손가락을 움직였던 그때 그 시절을 추억하며...

그들의 '시작'

다음은 나를 질투의 화신으로 활활 불타오르게 만들었다가도, 압도적인 퀄리티와 성실함으로 겸손의 미덕을 깨닫게 해준, 내가 감히 레퍼런스로 삼았던 인스타 매거진들이다. 그들에게 '시작'을 물어봤다.

Q. 인스타그램 매거진을 시작하게 된 결정적인 계기나 순간을 말해주세요.

포엠매거진

저는 다니던 회사를 나오고 나서 포엠매거진을 시작했습니다. 퇴사할 당시에도 물론 시를 좋아했기에, 시와 관련된 무언가를 꼭 해보겠다는 마음은 있었지만 그게 인스타그램 매거진은 아니었어요. '사람들에게 시를 쉽고 간편하게 알릴 수 있는 게 뭐가 있을까?'라는 생각을 하다 보니 가장 알맞은 형식인 인스타그램 매거진을 자연스레 택한 것 같습니다. '시가 어렵지 않다는 것을 사람들에게 알리자'라는 마음이 제 열정의 원천이고, 아직까지도 그렇습니다. 그러니 결정적인 계기가 있었다기보다는, 늘 시를 알릴 방법을 궁리하다 보니 이렇게 온라인 콘텐츠의 형태로 발전한 것 같아요.

문화컬쳐

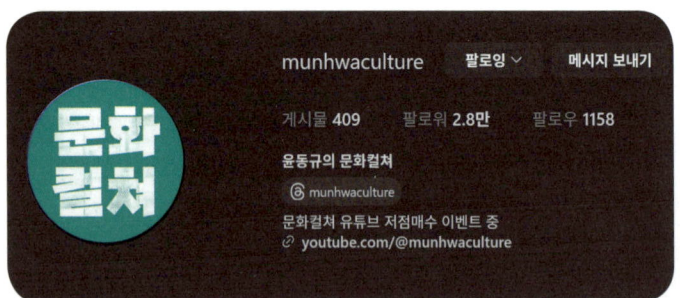

무성의한 제목으로 어그로 실컷 끌다가 뒤에 머리핀 광고 박아 넣는 유머 계정에 지치던 2023년 겨울, "베이스로만 싸게 하는 음악 TOP 7"이라는 제목의 릴스를 발견합니다. 조회수는 꽤 높았던 걸로 기억하는데, 디자인을 할 줄 모르는 제가 봐도 '이 정도는 나도 하겠는데?'라고 생각하고 문화컬쳐라는 계정을 만들었어요. 심지어 그 릴스는 TOP 7이라고 해놓고 7개의 곡을 넣은 것도 아니었습니다! '내가 더 성의 있게 잘할 수 있어!' 이런 생각을 하며 부푼 꿈을 안고 인스타 매거진(당시엔 이런 말도 몰랐거나 없었던 때지만)의 세계로 뛰어듭니다. 그때 그 계정이 바로 푸더바였고, 콘텐츠가 매력적인 건 성의의 유무와는 상관이 없다는 것을 이제는 알고 있습니다.

프라이빗 폴더

어떤 시작에는 방아쇠를 당기는 결심과 '탕' 소리가 있겠지만 제 경우는 그것과 거리가 먼 것 같아요. 2년 전쯤 인스타그램에 자칭 '매거진' 계정들이 왕왕 떴는데, 그게 저한테는 개인이 불특정 다수를 상대로 자기 목소리를 내는 트렌디한 옵션으로 느껴졌어요. 한때 유행했던 브런치나 뉴스레터처럼요. 저는 나름의 방식(등단하지 않은 개인의 방식)으로 적지 않은 글을 써왔는데요. 어디가 되었든 '글을 써서 보여준다'가 본질이었습니다. 블로그에 올렸던 글을 이미지로 편집한 게 첫 번째 게시물이에요. '글을 써서/보여준다'는 건 두 가지 파트로 구성되잖아요. 잘하기 위해선 마찬가지로 두 가지 달란트가 필요한데, 잘 '쓰는' 것과 그걸 잘 '노출' 시키는 건 다른 미션이에요. '보여준다'를 잘하기 위해 애쓰다 보니 인스타 매거진 계정들이 공유하는 형식을 따르게 되더라고요. (역시 선배님들이 닦아둔 길이 괜히 있는 게 아닙니다.) 결정적 계기가 따로 있진 않았지만, '오른쪽으로 걷는 사람이 계속 오른쪽으로 걷다 보니 오른쪽에 왔다'가 제 케이스인 것 같습니다. **시간이 흘러 인스타 매거진이 트렌디한 옵션이 아니게 되어도 저는 나름의 방식으로 '글을 써서 보여준다'를 하고 있을 겁니다.** _ 민형

왓이즈락

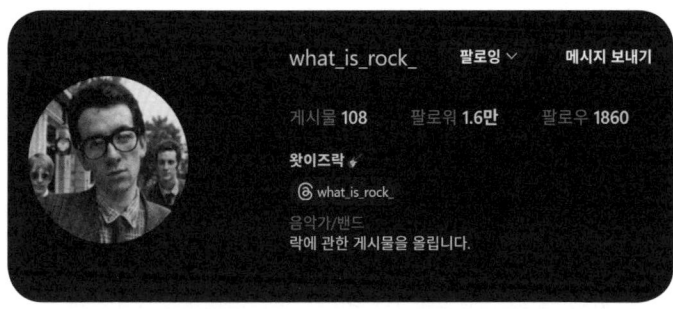

2023년 가을로 기억합니다. 그때는 제가 해외 락 밈을 자주 찾아보던 시기였어요. 그런데 문득 이런 생각이 들더라고요. **'왜 한국에는 락 밈을 올리는 사람이 없지?' 그게 계정을 만들게 된 계기였습니다.** 처음엔 해외 락 밈들을 번역해서 올렸는데, 반응이 거의 없었어요. 그러다 한 영상이 터지면서 팔로워가 순식간에 늘었죠. 이쯤 되니 릴스만으로는 한계가 있다는 생각이 들었습니다. 그래서 '국내 유일 락 전문 계정'이라는 슬로건으로 매거진을 본격적으로 시작하게 됐고, 지금까지 이어져 오고 있는 것 같아요.

김푸르스름

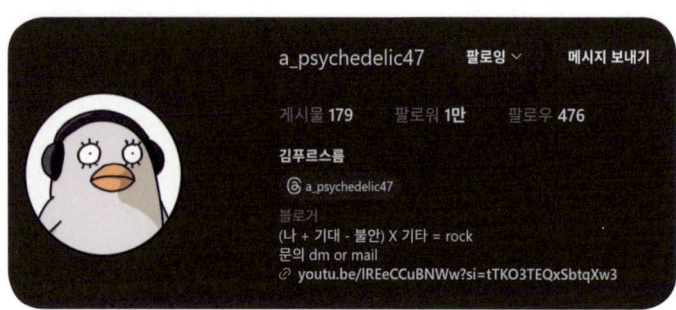

인스타 계정을 만드는 데에는 돈이 들지 않잖아요. 그래서 가벼운 마음으로 시작했어요. 어차피 시작할 땐 팔로우가 0이니까 내 콘텐츠가 별로라도 뭐라 할 사람도 없고, 반응이 있다면 잘 만들었다는 뜻이니까요. '계정을 만들어볼까?'라고 생각한 계기는 거짓말이 아니라 '푸더바'라는 계정의 영향이 가장 큽니다. 옛날 인스타그램 기능 중에 '해시태그 팔로우'라고 있었는데, 해시태그 자체를 피드에서 볼 수 있는 기능이 있었거든요. 그때 제가 밴드 관련 게시물을 해시태그 하고 있었는데 그중에서 푸더바님이 올린 게시물을 보고 '난 블로그에만 쓰는데 인스타로도 이런 걸 할 수 있구나'

싶었거든요. 그 당시에 인스타그램에서 밴드 관련 계정이 여럿 눈에 들어오기도 했어요. 특히 '왓이즈락', '밴드붐은온다'가 가장 인기 있는 계정이었죠. 그래서 계정의 색을 정할 때 최대한 '푸더바', '왓이즈락', '밴드붐은온다'의 색과 콘텐츠는 피해서 '나만의 커뮤니티를 만들자'라는 생각으로 만들었습니다. 대.더.바

생맥

동아리 회식에서 한 친구가 "나중에 뭘 할지는 모르겠지만, 재미있는 일 있으면 같이 해볼래?"라고 물어본 게 생맥의 시작이었어요. 뭘 할지도 모르는데, 일단 그 친구랑 같이하면

무슨 일이든 잘해낼 수 있을 것 같다는 생각이 들었죠. 그래서 일단 "그래!" 하고 냅다 승낙했어요. 몇 달이 지나 그런 질문을 받았다는 사실조차 잊어버리고 있었는데, 갑자기 단톡방 하나가 새로 생겼어요. 알고 보니 저처럼 "그래!" 하고 무조건 OK를 외쳤던 친구들이 한데 모인 방이었고, 그때부터 바로 일을 꾸미기(?) 시작했어요. 도파민에 취해 재미로 일을 벌이던 대학생들이, 이제는 제법 구색을 갖춘 매거진 에디터가 되었다는 사실이 아직도 얼떨떨해요.

링롱댕

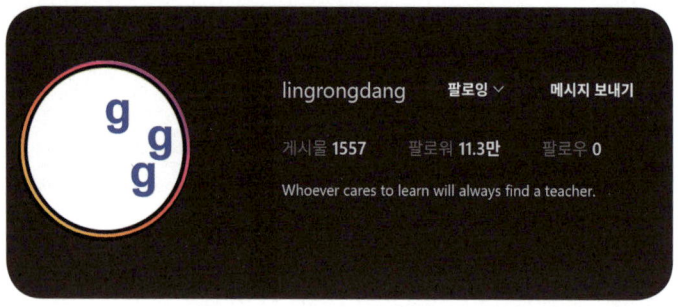

좋아하는 게 점점 많아지는데 이 마음을 더 이상 마음속에 둘

곳이 없어, 취향을 방출할 곳이 필요했어요. 마침 디자인툴을 공부해야겠다고 마음먹었던 군인 시절, 인스타그램이 눈에 들어왔고 과거 잡지들의 디자인을 계속 보면서 최대한 디지털 친화적으로 풀어냈던 것 같아요. 시작은 사실 '매체를 만들어야겠다'라는 포부 같은 건 없었죠. 그냥 '재밌는 무언가'를 만들고 싶었던 것 같아요. 마침 인스타그램과 시기가 맞았을 뿐, 형태는 그렇게 중요하지 않았어요.

사탄매거진

많은 매거진이 대중적인 가십이나 유명인을 다루지만, 저는 사람들이 마이너한 주제에도 충분한 갈증을 느끼고

있다고 생각했어요. 기존 매체들이 그 니즈를 충족시켜주지 못한다는 점에서, 제가 가진 미감과 기획력으로 새로운 방식의 큐레이션이 가능하다고 판단했죠. 어쩌면 마이너한 것을 아름답게 다루는 일은 제가 가장 잘할 수 있는 영역이라고 느껴졌고, 그래서 시작하게 되었습니다.

#5

얼떨결에 큰 성공하세요

훌륭한 경쟁자이자 파트너들이 가득했음에도 혼자 콘텐츠를 만드는 일은 쉽지 않았다. 그래도 평균보다는 잘하고 싶었다. 뭔가 달라도 달라야 된다는 생각은 계속해서 나를 움직이게 했다.

콘텐츠를 만들면서 계속 느끼는 건, 가만히 있으면 진짜 좆된다는 거. "가만히 있으면 중간은 간다"라는 속담은 정말 속담 중에서도 J.O.A.T임이 분명하다. 가만히 있으면 그냥 가만히 있는 거다. 속담 G.O.A.T인 "시작이 반이다"로

카운터를 치겠다.

물론, 시작하는 건 정말 힘들다. 고등학교 시절 친구와 함께 페이스북 페이지를 운영하려고 했는데, 기획만 3개월을 하다가 결국엔 시작도 못한 적이 있다. 노벨피아에 수많은 웹소설을 투고해봤지만, 스토리를 자꾸만 고민하다가 휴재기간이 길어져 결국엔 포기하기도 했다. 잘해야 된다는 부담감이 몇 번이고 나를 가로막았던 그때의 경험이 있기에 그건 나도 잘 안다.

그러나 지금 푸더바를 한번 보자. 정말 별 생각 없이 게시물을 싸재낀다. 오타 남발은 기본이요, 제목은 "정신이 피폐해지는 만화 TOP 7"인데 작품을 6개만 가져오는 경우도 더러 있다. 사람들이 이젠 오타 없으면 서운해할 정도이니 말 다했다.

완벽하지 않아도 된다는 걸 깨달은 건 고등학교 말 디시인사이드 카툰연재갤러리를 즐겨 보면서부터다. 『히키찐따 야순이』나 『일리단녀』 같은 아마추어 작품들을 보면서 울고 웃었던 게 생각난다. **프로들의 작품에 비해**

==엉성한 그림체와 막장 스토리, 그러나 그 불완전함 속에서 나오는 재미와 감동이 분명 있었다. 나는 그게 좋았다. 그 어떤 상업 만화보다도 가슴에 와닿았다.== 이런 만화들은 나에게 "완벽하지 않아도 돼"를 넘어 "대충해도 돼"라는 확신을 주었다.

그래서 나는 대충한다. "대충 열심히 한다"라는 표현이 정확하겠다. 30분 만에 휙휙 게시물을 만들어내지만 그걸 하루에 세 번씩 일주일 동안 지속한다. 그 30분을 부담 없이 온전히 즐기면서 만들어낸다. 내가 친 드립에 깔깔 웃으면서, 어이없는 짤들을 마구마구 가지고 오면서 만든 결과물을 보면 엉성하지만 웃기다. 꼭 나 같다.

지금도 마찬가지지만, 푸더바를 처음 시작할 때만 해도 디자인에 관해서는 정말 문외한이었다. 만약 내가 디자인을 전공했다면 아마 푸더바는 세상에 나오지 않았을 거다. 공부하는 대상은 대개 완벽한 것들이고, 이런 걸 보고 배우면 역치만 높아져서 불완전의 매력을 알기 힘들다. 좋은 것과 완벽한 것은 다른데 말이다.

러프 매거진을 보며 파워포인트와 윈도우에 기본으로 깔려 있는 폰트를 써서 뚝딱뚝딱 만든 푸더바의 게시물들. 큼직한 텍스트, 워작이나 이라스토야 등의 웃긴 짤들을 사용해 중학생이 만들었다고 해도 믿을 엉성한 퀄리티를 자랑한다. 디자인을 전공한 사람이라면 결코 만들 수 없는 것들이다.

그러나 이런 엉성한 디자인 때문에 오히려 사람들은 나를 스쳐 지나가는 무언가가 아닌 '푸더바'로 인식하기 시작했다. 나의 불완전함이 곧 나의 정체성이 된 셈이다. 심지어는 DM으로 내 게시물을 따라 해도 되냐고 물어보는 사람도 더러 있었다. 그만큼 내 게시물이 매력적이라는 소리라고 생각하니 묘했다.

이런 경험들이 하나둘 쌓이다 보면 용기가 생긴다. 용기는 일종의 영어 같은 거다. 영어만 된다면 겪을 수 있는 경험의 폭이 어마무시하게 넓어지는 것처럼, 용기가 있다면 할 수 있는 일이 많아진다. ==용기 없던 푸더바는 방구석에서 이상한 거나 만드는 사이버 망령에 불과하지만, 용기 있는 푸더바는 굿즈를 만들어 팔아 뉴스에도 나올 수 있고, 팝업도 열어 수천 명의 팬과 이야기도 할 수 있는 사람이다.== 물론 다른 자격도

필요하겠지만, 가장 중요한 건
역시 용기다.

실수했다고 죽지는 않는다.
저번에『베르세르크』가
2022년 작품이라고 오타
냈다가 죽여버리겠다는 DM이
오긴 했는데 아직까지 살아있는
걸 보니 내 말이 맞는 것 같다. 그래서 나는 더욱 내 것을 한다.
이게 사람들이 나를 매거진 계정이 아닌 하나의 사람으로
인식하는 이유가 아닐까 싶다. 아이즈 매거진 같은 깔끔하고
세련된 디자인에서는 찾아볼 수 없는 인간적인 면을 팬들이
좋아해주는 것 같기도 하고.

"얼떨결에 큰 성공하세요."

나의 신조다. 살아본 바로 그랬다. 고등학생 때 학업을
때려치우고 올인한 쇼핑몰. 잘해보고 싶은 마음에 피똥 싸가며
구상만 5개월을 쏟아부었다. 그렇게 개고생만 하고는 한 달에

30만 원도 못 벌고 망했다.

그러나 별생각 없이 시작했던 푸더바로 이렇게 책도 쓰고 있다. 일단 시작하자. 잘되면 좋은 거고 안되면 안 좋은 거다. 이건 처음에 고민을 얼마나 많이 했든 상관없이 적용되는 진리다. 고민만 늘어나면 오히려 힘만 빠진다. '목표가 높은 것'과 '완벽주의'는 다른 말이다. 내 생각과 다르게 잘 안되는 일이 있는 것처럼 내 생각과 다르게 잘되는 일도 분명 있더라.

Pushing The Boundary

#6

사람들은 거지를 보지만 거지는 사람들을 본다

노스페이스 가방에 LG 그램을 꾸겨놓고 경전철을 탔다. 의정부엔 노인이 많아 별수 없이 30분가량을 서서 가야 했다. 학생 때부터 수도 없이 오고 간 길, 그래도 이 잔디밭 앞에서 거대한 건물을 마주할 때의 설렘은 여전하다.

의정부 음악 도서관. 부대찌개밖에 내세울 게 없는 이 동네에 떠오르는 자랑거리다. 1층은 아이들이 자유롭게 책을 읽을 수 있는 공간으로 이루어져 있다. 키즈존이라고 누가 명시해둔 적은 없지만, 약속이라도 한 듯 아이들로 가득하다. 배를

까거나 반쯤 엎어져 동화책을 읽는 아이들을 보면 힐링이 되기도 한다. (믿기지 않겠지만 난 아기들을 좋아한다. 말랑말랑한 볼이 특히 좋다.)

2층은 다양한 소설이나 시집이 비치되어 있다. 민음사 세계문학 전집부터 내가 좋아하는 황병승, 우다영 작가의 책까지 큐레이션에 힘을 주었다는 느낌이 팍팍 드는 라인업. 공간을 기획한 사람은 분명 배운 사람일 것이다. 3층으로 올라가면 그 생각은 더욱 확신으로 바뀐다. 음악 도서관의 백미인 3층 뮤직스테이지는 파란노을의 정규 2집 앨범 「To See the Next Part of the Dream」 LP부터 언니네 이발관의 모든 앨범 CD까지 어디서도 보기 힘든 작품들이 가득하다. 높은 층고와 통유리는 뻥 뚫린 듯한 개방감을 주어 정말이지 책 볼 맛 나게 만든다. 이곳이 내가 사랑하는 공간 의정부 음악 도서관이다.

아무튼 이곳은 평소에도 워낙 자주 갔던 공간이지만, 특히 요즘 의정부 음악 도서관을 자주 가게 된 이유가 있다. 푸더바를 운영하면서 가장 큰 어려움은 다름 아닌 올릴 게 없다는 거였다. 알다시피 푸더바 큐레이션 콘텐츠는 적어도 6~7개 정도 되는 작품을 한꺼번에 소개한다. 언젠가부터는 '이거 진짜 큰일 났는데' 싶었다. 사람은 자꾸 죽는데 아기는 안 태어나는 절망적인 2025년 대한민국처럼 이대로 가다간 내 뇌 속에 저장해둔 작품들이 동날 게 분명했다.

그래서 특단의 조치로 이곳으로 폐관수련을 하러 온 거다. 여기선 안 읽히던 책이 읽히고, 듣기 싫던 음악도 듣게 된다. 나는 필사적으로 보고 들어야 했다. 사람들이 간과하는 게 있는데, 콘텐츠를 제작하는 사람에게 가장 중요한 건 다름 아닌 인풋이다. 인풋 없이 콘텐츠를 제작하겠다는 건 가사 숙지 없이 프리스타일 랩을 하는 것과 같다. 당신은 허클베리핀나 서출구가 아니다. 그러니 틈이 날 때마다 인풋을 착실히 채우도록 하자.

주변 매거진만 해도 괴인들이 많다. 채널 영화볼결심(@decision_movie)의 운영자님은 하루에 영화 한 편씩은 꼭 보고, 포엠맥님은 시를 정말 많이 읽는다. 심지어 그 사람들은 디자인도 잘한다. 무서운 사람들이다. 정말.

뒤처지지 않으려면 최대한 소재를 많이 끌어모아야 하는 게 당연하다. 나처럼 도서관이라는 공간의 힘을 빌리는 것도 좋은 방법이다.

도서관 폐관수련이 오프라인 공간에서의 인풋이라면, 온라인 세계에서 양분을 보충하는 방법도 있다. 나는 하루 종일 핀터레스트, 트위터, 레딧을 쳐다본다. 마치 걸신이 들린 사람처럼 이 사람들이 어떤 콘텐츠를 올리나 살펴보는 거다. 푸더바를 대표하는 밈 중에 "그녀가 △△를 좋아한다면 당장 도망치세요"라는 콘텐츠도 원래 영미권에서 유행하던 밈을 한국 정서에 맞게 변경한 콘텐츠다. **나는 이걸 '김치화'라고 부른다. 영어는 지구에서 가장 많이 사용하는 언어이니만큼 배포되는 콘텐츠의 양 차이도 한국과는 차원이 다르다.**

개인적인 생각이지만, 양은 질을 압도한다. 아무리 허접한 쓰레기가 모여도 그게 기하급수적으로 모이면 독보적인 퀄리티가 창출되곤 한다.

아무렇게 펼쳐져 있는 해외 SNS 콘텐츠를 가장 먼저 쏙

빼 와서 변형하는 것도 능력이다. 어릴 때 엄마가 보내줬던 이보영의 토킹클럽에서 보낸 시간들이 이렇게 빛날 줄은 나도 몰랐다. 영어를 못해도 상관없다. 원래 밈이라는 것은 언어가 필요 없다. 말이 통하지 않아도 직관적으로 깨달음을 주는 것, 그것이 밈이니까. 그리고 강력한 콘텐츠일수록 말이 필요 없다. 그러니 습관적으로 해외 SNS에 들어가 소재를 찾는 연습을 해보는 걸 추천한다.

그러다 보면 이런 생각이 저절로 드는 콘텐츠도 발견할 수 있다.

'나도 할 수 있겠는데?'

심지어 이럴 때도 있다.

'내가 더 잘할 것 같은데?'

콘텐츠를 보고 감탄하는 건 누구나 할 수 있다. 하지만 창작자는 거기서 더 나아가야 하지 않을까. '나도 할 수 있겠다'는 건방진 생각으로 유심히 지켜보면 같은 소재도 내 스타일대로 어떻게 적용할 수 있을지 보인다. SNS는 수련회 교관처럼 내가 어떻게 사용하냐에 따라 악마가 될 수도 있고 천사가 될 수도 있다.

자, 이제 네이버 지도를 켜고 집 근처 도서관을 찾아보자.

Pushing The Boundary

상실의 시대 속
낭만은 사치래

Name   상실의 시대
Category   책 > 문학 > 일본소설
Release Year 1987

럭키야설?

"원래 말이 잘 없어?"

그녀가 던진 한마디에 기가 죽고 말았다. 도서관은 예로부터 점심시간마다 아싸들이 『식객』 하나씩 손에 들고 정삼회담을 하는 고유의 장소다. 한 달에 한 번 꼴로 인싸들이 침입하는 불상사가 있기도 했지만, 보통은 잠깐 짜증 나는 정도로 끝날 일.

그래서 누군가 내게 말을 거는 것은 경우의 수에 없었다.
이어지는 그녀의 질문.

"이건 무슨 책이야?"

"너는 눈이 없니?"라고 대답하고 싶었지만, 어디까지나 찐따의 망상일 뿐. 순순히 제목을 알려주는 수밖에. 책의 이름은 『노르웨이의 숲』, 한국에서는 '상실의 시대'라는 제목으로 더 잘 알려진 무라카미 하루키의 소설이다.

그 일이 있고 며칠이나 지났을까, 도서관에 저번에 본 그녀가 또 앉아 있는 게 아니겠는가. 심지어 손에는 내가 어제 반납한 『노르웨이의 숲』을 들고 매우 몰입하여 읽고 있었다. 그 순간 정신이 아찔해졌다. 얼굴이 시뻘게지고, 이마에 땀이 송알송알 맺히는 것을 겨우 감춘 채 그녀와 멀찍이 떨어져 앉았다.

지금 생각하면 대수롭지 않은 일이지만, 당시에는 그야말로 심장이 터져버릴 것 같았다. 집중한 그녀의 눈이 상하좌우로 움직일 때마다 가슴이 콩닥거렸다. 지금 어디쯤 읽고 있을까, 와타나베랑 나오코가 섹스하는 건 이미 읽었겠지, 설마 레이코랑 섹스하는 것까지 읽었으려나, 아니 근데 와타나베 이 새끼는 섹스를 왜 이렇게 많이 해?

이런 생각들이 뇌를 지배하다 보니 나중에는 초연해졌다. '그래, 뭐 맨날 학교에서 마운틴듀 먹는 놈에서 맨날 학교에서 마운틴듀 먹고 야설 보는 놈으로 칭호 업그레이드 되는 것밖에 더하겠어?'라는 마인드였다.

그러면서도 마음 한편으로는 이 책을 혹시 그녀가 좋아하진

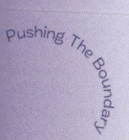

87

않을까, 하는 기대도 피어올랐다. 그도 그럴 것이 『노르웨이 숲』은 정말로 멋진 책이니까. 한국에서의 이미지는 '럭키야설' 정도일지 몰라도, 이 책만큼 성장이라는 소재를 세련되게 풀어낸 소설은 드물다.

주인공 와타나베가 멘헤라 [☞] 나오코와 미친 여자 미도리 사이에서 갈등하며 겪게 되는 일련의 사건들, 이 사건들을 통해 상실감이란 무엇인지 표현하는 것을 읽고 있노라면 감탄이 나올 지경이다. 무라카미 하루키만의 수려한 문체는 덤이다.

악수하듯 반복되는 섹스와 "응~ 자살하면 그만이야" 급으로 허망한 주변인들의 죽음을 수없이 겪으며 깨닫게 되는 상실감. 상실이란 원래 그런 것이다. 순식간에 벌어지고, 끊임없이 허무한… 그러면서 소년은 자연히 상실을 극복하는 방법이 책임이라는 것을 알게 된다. 소년이 남자로 성장하는 순간이다.

☞ 우울증 혹은 조울증 등 정신적으로 심약한 사람을 일컫는 인터넷 은어.

상실의 시대

그의 일대기는 지금까지도 내게 큰 귀감이 되곤 한다.
특히 과거를 상징하는 나오코라는 인물에 얽매이지 않고
미래를 상징하는 미도리를 향해 나아가는 와타나베의
선택은 내 가치관에 큰 영향을 주었다. 과거는 생각만으로도
뭉클해지지만, 그렇다고 매몰되어 있으면 현재에 충실할 수
없다는 사실을 깨닫게 해줬다.

아무튼, 내 걱정처럼 학교에 '야설 읽는 놈'으로 소문나는
일은 없었다. 단지, 도서관 반납대에 책날개가 70페이지쯤에
접혀 있는 『노르웨이의 숲』을 보고는 가슴이 아팠을 뿐.
'레이코랑 섹스하는 건 못 봤겠군.' 이따위 생각을 하며 반으로
돌아가려는데 누군가 내 어깨를 톡톡 건드리며 말했다.

"이거 재밌던데."

도서관 그녀였다. 조금의 이야기를 나누고 그녀가 저번
달에 책 반납을 늦게 한 나머지 연체가 됐고, 책을 읽으려면

점심시간마다 도서관에 와야만 한다는 사실을 알 수 있었다. 나는 속으로 '그래, 이 책을 어떻게 중간에 하차해' 하며 쾌재를 불렀다. 흥미로움을 잔뜩 간직한 채 우리는 이야기를 이어나갔고, 그 후에도 점심시간만 되면 도서관에 가 그녀와 함께 책을 읽었다.

남녀 둘이 도서관에서 책을 읽는다? 이건 못 참거든요. 당시 나이 18세 푸더바는 조금씩 그녀에 대한 애정을 쌓아버리고만 것이다. 아니, 사실 조금씩이 아니라 존나 많이. 점심시간 그녀와 책을 읽는 시간만을 손꼽아 기다리며 행복한 나날을 보낼 수 있었다. 그녀에게 약 3년이나 사귄 알파메일 남자친구가 있다는 사실을 알게 된 건 좀 더 나중의 일이다.

나는 괜찮다. 원래 상실이란 그런 것이니까. (아, 그런데 학교 도서관에 『노르웨이의 숲』이 왜 있냐고? 그야 내가 기증했으니까.)

푸더바 고딩 시절 민음사가
학교 도서관 채워준 썰

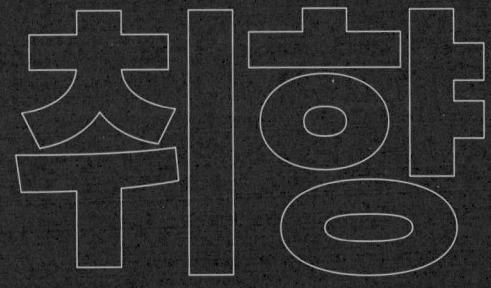

PART 2

도전

처음으로 이 일을
계속 하고 싶다는 생각이 들었다

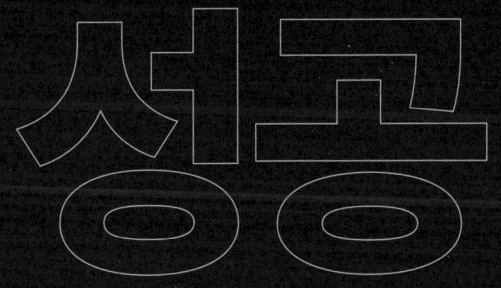

#7

큰일이 났어
뉴스를 잘 봐

소매가 다 닳아버린 가죽 재킷은 나를 무슨 봉인이라도 하듯 꽉 잡아댄다. 어울리지도 않는 옷을 입은 채, 그보다 더 어울리지도 않는 장소로 가는 내 모습이 어색하면서 한편으로는 대견한 마음이었다. 몸에 힙합 정신이 배어 있는 나지만, 오늘만큼은 얼굴에 비비도 발랐다. 땀을 뻘뻘 흘리며 올라탄 지하철에서는 출처 없는 악취가 내내 났고, 빈자리가 나오면 차원이 다른 주법으로 빈자리를 쟁취하는 노련한 아주머니들 사이를 부대끼며 가야 했다.

평생을 의정부와 춘천 두 지역에서 살아온 나로서는 서울 사람들의 신경질은 이해할 수도, 익숙해질 수 없는 것이었다.

오랜만에 올라온 서울은 여전히 서울이었고, 나는 여전히 나였다. 이를 증명이라도 하듯 도로의 차들은 있는 힘껏 경적을 울려대며 서로를 앞질렀다. 오늘의 목적지는 그 살벌한 도로 한가운데 부자연스럽게 놓여 있다. 마치 롤러코스터 타이쿤에서 화장실을 놀이기구 맨 꼭대기에 설치해 둔 것만 같은 생뚱 맞은 모양새였다.

차가 없어 강동역에서 나와 산길을 가로질러 걸어가야 했다. 염따의 「그럼」을 듣고 "강동에 살아~"를 흥얼거리며 산을 타는 모습은 지금 생각해도 웃음이 나올 장면이다. 온갖 생고생을 하며 도착한 그곳, 라이트룸 서울. 온통 양복쟁이들이 가득한 입구에서 빌려온 고양이 같이 멀뚱거리며 서 있는 나를 본 직원분이 물었다.

"혹시 무슨 일 때문에…?"
"아… 저 SBS 촬영…"

그제야 직원분은 모든 의문이 풀렸다는 표정을 지으며 따라오라고 손짓했다. 마치 코난이 범인을 찾아냈을 때의 표정이었다. 그녀를 따라가니 수백 개의 LED가 데이비드 호크니의 「A Bigger Splash」를 조각조각 만들어내고 있는 광경이 펼쳐졌다. 말 그대로 압도되는 분위기, 기에 눌린 나는 학창 시절로의 회귀본능을 발휘해 구석으로 향했다. 불안감에 안절부절 핸드폰만 쳐다보며 기자님을 기다렸다.

처음 기자님에게 메시지가 왔을 때, 솔직히 장난인 줄 알았다. 하지만, 반신반의하며 전화를 하고 대화를 나누고 나선 믿을 수밖에 없었다. 그의 목소리가 의심의 여지 없는 확신의 기자톤이었기 때문에...

그렇게 기다림의 미학이 무엇인지 깨달아갈 즈음 기자님이 도착했다. 남자 악수 ☞ 를 나누며 우리는 5층에 있는 비밀의 장소로 향했다. 영화에 나오는 돈 많고 젊은 사람들이 불법적인 일을 마구 저지를 때 애용할 것 같은 장소였다.

촬영팀은 신속하게 조명과 카메라를 설치했다. 텔레비전에서 봤던 폭탄처럼 생긴 마이크도 착용했다. 너무 긴장했던 탓에 그때 무슨 말을 했는지는 하나도 기억나지 않는다. 촬영이

☞ 손을 있는 힘껏 꽉 잡는 악수 방법. 트럼프 악수로도 유명하다.

끝나고 또다시 기자님과 남자 악수를 나누고 이런저런 이야기를 한 뒤 헤어졌다. 방영일이 픽스되었을 때 가족에게 카톡을 보냈다.

"오늘 8시 SBS 뉴스."

방영일 당일. 원래는 텔레비전으로 보려고 했지만, 일정이 늦어져 경춘선에서 핸드폰으로 보기로 계획을 바꿨다. 그러나 이마저도 배터리가 방전되어 어쩔 수 없이 재방송으로 봐야 하는 상황이었다.

절망에 빠져 있던 그 순간, 나랑 같은 대학교의 과잠을 입은 남자가 노트북을 하는 게 보였다. 재빠르게 자리를 옮겨

노트북 한 번만 빌려달라고 싹싹 빌었다. 그분 덕분에 제시간에 내 얼굴이 공중파에 나오는 광경을 직관할 수 있었다. (진짜 감사합니다. 혹시라도 이거

보면 연락 부탁드립니다.)

방송이 끝나자마자 핸드폰에서는 불이 났다. 내가 밖에서 사람 구실이나 할지 항상 걱정이었던 부모님은 방송을 보고 자랑스럽다며 전화를 주셨고, 집에서 빨래 개면서 텔레비전 보다가 내 얼굴이 나와 깜짝 놀라서 전화한 친구도 있었다.

인스타그램 DM은 얼마나 왔는지도 모르겠다. 친하게 지내던 매거진 계정주님들이 부럽다는 반응을 보일 땐 별거 아니라는 듯 아무렇지 않은 척했지만, 사실은 존나 좋았다. ==음지에서 시작해서 공중파 출연이라는 언더그라운드 락스타의 면모를 몸소 보여줬다는 자부심에 며칠은 몸을 못 가눌 정도로 기뻤다.== 아, 물론 '니들은 이런 거 못하지?'라는 선민의식은 덤이다.

#8

굿즈를 팔자! (上)

처음 수익이 생기기까지는 꽤 오랜 시간이 걸렸다.
"인플루언서들 다 돈 많이 버는 거 아닌가?", "몇만 몇천 되는 사람들도 공구며 협찬이며 다 받던데?"라고 하지만 나는 몇 달째 빈 깡통만 찼다. 그러다 한번은 내 피드를 봤는데, 단번에 이해가 됐다.

'내가 광고주라도 여기 광고 안 준다.'

초반 푸더바가 관심을 얻은 게시물들, 그러니까 "『고로시야 이치』 읽어보세요, 우히히!『롤리타』도 재밌어요...!" 같은 콘텐츠를 올렸을 때와 일반적인 콘텐츠의 조회수 차이는 하늘과 땅 차이였다. 물 들어올 때 노 저어야겠다고 생각한 나는 계속해서 비슷한 콘텐츠를 업로드했고, 자연스럽게 푸더바는 음지화가 되어가고 있었다. 매일 같이 올라오는 19금 만화와 곱창이 난 댓글창, 도대체 이런 채널에 누가 광고를 맡기겠는가.

푸더바 음지화를 해소함과 동시에 수익화까지 해결해줄 방안이 절실했다. 그러다 우연히 펀딩 사이트를 접하게 되었는데, 말도 안 되는 금액들이 모이고 있는 걸 보았다. 게다가 '펀딩'이라는 단어를 떠올리면 무언가 대중 참여적인 긍정적인 분위기를 풍기지 않는가? 느낌이 딱 왔다. 인스타를 처음 시작했을 때 그 느낌.

'나도 할 수 있겠다.'

그래서 그냥 내 장사하기로 마음 먹었다. 굿즈를 만들기로 했다.

아이패드 굿노트를 켜 굿즈를 팔기 위한 준비 사항을 빼곡히 적어보았다. 우선 굿즈의 디자인을 해줄 일러스트레이터가 필요하고, 펀딩 상세 페이지를 만들어줄 웹디자이너도 필요하다. 제품을 촬영해줄 사진사와 모델도 빠져선 안 된다.

그런데... 나는 이 중에서 할 줄 아는 게 단 하나도 없었다!

레전드 무쓸모 인간이었던 나는 『원피스』에서 몽키 D. 루피가 동료를 모으듯 각 분야의 능력자들을 모았다. 첫번째 주인공은 고등학교 동창인 납작곰 ☞. 놀랍게도 나는 고등학교 3년 동안 그와 단 한마디도 나눠 본 적이 없다. 꾸준히 그의 피드에 올라오는 그림을 보며 DM으로 극찬한 게 대화의 전부였다. 그도 그럴 것이 이놈의 그림은 정말 예술이거든. 언젠가는 같이 작업하고 싶다는 생각이 절로 드는 실력. 사실 DM으로 친한 척 한 것도 다 그런 이유 때문이었다.

그런데 마침 기회가 온 거다. 카페에서 이야기하자는 약속을 잡고 만났다. 지구가 폭발할 만큼 어색한 인사를 나눈 뒤, 본격적으로 계획을 설명했다. 고등학교 시절, 서로의

☞ 푸더바와 고등학교 동문인 일러스트레이터. 그림을 기가 막히게 잘 그린다. 진짜다. @pechako_gom

존재만 알던 둘이 스무 살이 되어 처음으로 이야기를 나누는 진풍경이었다. 듣는 음악, 보는 만화 등 하나부터 열까지 겹쳤던 우리는 순조롭게 작업을 진행할 수 있었다.

==굿즈의 테마는 푸더바 채널의 아이덴티티인 '힙스터'로 잡았다. "마이너가 메이저를 만든다"라는 슬로건을 덧붙여 당당하게 당신의 마이너한 취향을 세상 밖에 드러내라는 스토리텔링을 더했다.== 영화, 음악, 만화 등 다양한 장르를 소비하는 힙스터들의 모습을 납작곰만의 그림체로 표현해내니 꽤 그럴듯한 굿즈 도안이 만들어졌다.

다음 행선지는 웹디자이너인 예솜[*]. 내가 굿즈 문제로 SOS 치는 스토리를 보고 그녀가 연락해 인연이 닿게 됐다. 막상 만났을 때, 무슨 중학생 정도 되어 보이는 사람이 걸어와서 당황했는데 그 내공이 장난 아니었다. 고민하고 있던 부분들, 이를테면 거래처를 섭외하거나 일러스트의 칼선을 따는 문제부터 펀딩 상세 페이지의 구성과 디자인까지 내가 겪고 있던 난제들을 단번에 해결해줬다.

> ☞ 중학생처럼 생겼지만 베테랑 디자이너다. 이 사람만큼 다재다능한 사람은 한 번도 못 봤다. @somkiarchive

혼자서 며칠간 골머리 앓아가며 고민했던 문제들에 대해
아무 일도 아니라는 양 해결책을 툭툭 던져대는 걸 보면서
약간 현타가 왔다. 나보다 어린데, 20살은 많아 보였다. 얼굴
얘기가 아니다. 예솜 씨는 동안이다.

그렇게 착착 굿즈 프로젝트가 진행된 끝에 드디어 도착한
택배. 약 한 달을 고생하며 만든 굿즈의 실물은 그야말로
대만족이었다. 파스텔 색감과 납작곰의 그림체가 너무나 잘
구현된 스티커와 키링. 이번 프로젝트는 무조건 성공할 거라는
확신이 들었다.

판매는 펀딩으로 진행했다. 사이트 수수료가 크긴 하지만,
초반 시드머니가 없는 나 같은 학생에게는 매우 유용했다.
사업자등록, 통신판매업신고 등등 이것저것 재미없는
절차들을 끝내고 판매 승인을 받았다.

취미로 사진을 찍는 원래 알고 지내던 경빈이 형 ☞ 을 불러
여러 제품 사진을 찍은 뒤, 상세 페이지를 만들었다. 여기까지
읽은 사람들은 한 가지 의문을 가질 수도 있다.

☞ 박경빈. 대학교 스케이트보드 동아리에서 만났다.
수염이 길고 사진을 잘 찍는다. 말랐는데 밥을 엄청 많이
먹는다. @parkgyeongbinn

"아니, 그럼 네가 한 게 뭔데?"

부정하지는 않겠다. 그저 내가 가지고 있는 아이디어를 내게 호의적이면서도 능력 있는 사람들에게 잘 설명했을 뿐. 말하자면 DJ 칼리드 ☞ 식인데, 이는 뒤에서 더 자세하게 설명하겠다.

경빈이 형이 찍은 사진들을 스토리에 올리니 고맙게도 많은 지인들이 관심을 보내줬다. 그중에는 팔로워가 꽤 많은 인플루언서분들도 있었는데, 그들에게는 협찬 개념으로 제품을 몇 개 보내줬다. 사진을 찍어달라고 딱히 요청하지는 않았다. 그만큼 제품에 자신 있었으니, 그들이 알아서 자랑해줄 것이라고 생각했다. 다행히도 예상은 적중했다. 광고비를 줘도 구하기 힘들 자연스러운 후기와 사진들이 계속해서 올라왔다. 그럴수록 사람들의 관심도는 폭발했다. 언제 나오냐는 DM이 하루에도 몇십 개씩 왔을 때쯤 생각했다. 비로소 모든 준비가 끝났다고.

☞ 세계적인 힙합 뮤지션으로 다양한 협업자들을 적재적소에 꽂아 넣어 작업하는 것으로 유명하다.

#9

굿즈를 팔자!
(下)

굿즈를 판매하기 이틀 전, 인스타 라이브 방송을 켜 이번 펀딩 프로젝트에 대한 안내를 진행했다. 홍보의 목적도 있지만, 가격 설정을 왜 그렇게 했는지 반드시 설명이 필요했기 때문이다. 푸더바 굿즈는 개별 종류가 많아 최대한 다양한 선택지를 만들어두었다.

팔로워층이 어리다는 걸 고려해서 학생도 부담 없이 구매할 수 있는 정도의 가격대 제품도 준비했지만, 수익성 또한 포기할 수 없어 모든 제품을 한꺼번에 제공하는 프리미엄 패키지는

가격대를 높게 설정했다. 그 대신 해당 가격대에 맞는 여러 혜택과 함께 한정판 굿즈를 제공했다.

떨리지만, 최대한 진실성 있는 목소리로 이유들을 설명했다. 다행히 팬분들은 납득했고, 라이브 내내 좋은 반응이 이어졌다. 판매 당일, 조마조마한 마음으로 오픈 예정 시간인 저녁 6시를 기다렸다. 스토리로 계속해서 예고글을 올리고, 상세 페이지에 실수한 건 없는지 몇 번이고 확인했다. 정말이지 입이 바짝바짝 말랐다.

시간은 점점 다가오더니 마침내 저녁 6시가 되었다. 판매 시작 버튼을 눌렀다. 도저히 핸드폰을 볼 수가 없었다. 핸드폰을 뒤집어 놓은 채 5분 내내 똥 마려운 강아지처럼 왔다 갔다 하다 겨우 진정을 하고 핸드폰을 다시 뒤집었다. 화면 속 숫자, 75만 5400원. 예상 목표 금액인 50만 원을 이미 뛰어넘은 수치. 머릿속에는 무수한 미아핑이 찍혔다.

가슴은 쿵쾅거리는데, 숫자는 계속 올라갔다. 100만 원, 200만 원까지 순식간에 쭉쭉 올라갔다. 이게 말로만 듣던

☞ <리그 오브 레전드>에서 적이 사라졌을 때 뜨는 상태 신호 표시.

'머니하이'인가? 래퍼들은 이런 기분을 매일 느끼는 걸까. 정말 날아가는 기분. 수업을 들어야 하는데, 도무지 집중이 되지 않았다. 마음은 이미 부자였다. 집에서 친구랑 지폐 뿌리고 노는 상상을 매일 했다.

프로젝트 진행 중에도 홍보는 멈추지 않았다. 계속해서 인플루언서들에게 제품을 보내주고, 올라오는 사진을 리그램했다. 프로모션 영상과 목표액 돌파 기념 배경화면도 배포했다. 이런 노력 덕에 최종 모금액 900만 원을 달성했고, 텀블벅 전체 실시간 순위 2위를 기록하는 기염을 토할 수 있었다.

그런데, 내가 간과한 사실이 하나 있다. 바로 택배 싸는 일이 보통 일이 아니라는 것. 우리가 판매한 굿즈의 개당 가격은 대략 4000~5000원 정도. 그런데 총 판매액은 900만 원. 문과인 내가 봐도 어마어마한 숫자라는 것을 단박에 알 수 있다. 돈 한 번 아껴보겠다고 대행사를 구하지 않았던 과거의 나를 때려죽이고 싶었다.

결국 6평짜리 자취방은 택배로 가득 차 발 디딜 틈 없어졌고, 굿즈를 포장하느라 허리가 멀쩡할 날이 없었다.
약 800개가량의 포장을 마치고, 그중 396개를 택배 상자에 담아 후원자들에게 보냈다. 당시 내 택배 접수를 도와주셨던 편의점 알바분이 내게 '대체 뭐하는 사람이냐'고 물어봤던 게 아직도 기억난다.

감사한 마음으로 모든 배송을 보내고, 오배송한 택배까지 처리하고 나서야 비로소 이 기나긴 프로젝트를 끝마칠 수 있었다. 처음 시작하는 프로젝트치고는 엄청난 난이도를 자랑했지만, 그 덕분에 더욱 깊고 다양하게 배웠다. ==인생 살며 처음으로 온전히 내가 기획한 프로젝트를 성공적으로 끝마친 경험. 한 달에 한 번 알바비 받았을 때와는 비교도 할 수 없는 높은 수준의 쾌감이었다.== 특히 단 하나의 혹평 없이 칭찬일색인 후기를 보면 눈물이 날 정도였다. 이때 처음으로 앞으로도 이 일을 계속하고 싶다는 생각을 했다.

돌 던질 때는
무조건 같이 던져야 돼

Name   데드데드 데몬즈 디디디디 디스트럭션
Category   만화 > 일본만화
Release Year 2014

개패고 싶은 본능

도쿄 상공에 느닷없이 나타난 '침략자'의 거대 모함. 세상이 곧 멸망할 것처럼 모두가 절망했지만, 이내 절망은 일상에 녹아들어 사람들은 변함없는 하루를 보내게 된다. 이 기묘한 세상을 살아가는 두 명의 여고생을 주인공으로 한 만화 『데드데드 데몬즈 디디디디 디스트럭션』에는 "성실한 사람들이 한 번의 실수로 극악인 취급을 받는 건 좋지 않아"라는 대사가 나온다.

요즘 시대에 누군가 잘못을 하면 그 잘못이 작든 크든 간에 극악인 취급을 받는다. 언제 한 번 주호민 작가 관련한 논란이 삽시간에 인터넷 각지에 확산되는 것을 보았다. 일명 '렉카 유튜버'들이 기다렸다는 듯이 그의 논란을 옮기고 대중들은 다 같이 돌을 던지는 상황, 내가 느낀 감정은 섬뜩함이었다.

주호민 작가를 향해 비판을 하거나 옹호를 할 마음은 없다. 애초에 당사자가 아닌데 왈가왈부할 수 있다는 게 신기하다. 또한 돌을 던지는 이들에게 묻고 싶다. 일생에 단 한 번의 순간이라도 당신들은 잘못을 저질러 본 적이 없는지. 살면서 잘못이란 걸 해보지 않은 인간은 없다는 일종의 믿음이 있다. 하지만 나와 가까운 이들이 잘못을 털어놓을 때, 그들에게 미운 감정 따위 느껴지지 않는다. 그들의 죄는 미워할 수 있겠지만, 사람으로서 그들은 미워할 수 없기 때문이다.

사람들이 돌을 던지는 이유는 무엇일까. 누군가의 잘못 때문에 상처를 입어 돌을 던졌다는 사람이 있다면 나는 이 만화에 등장하는 또 다른 대사인 "자신이 입은 상처가 타인을 상처 입히는 핑계가 될 순 없는 거야"를 들려주고 싶다.

물론 예외도 있다. 그냥 재미로 돌 던지는 사람도 많다. 그들이 하는 짓을 보면 그 옛날 유행했던 참피물은 양반이었구나 하는생각이 든다. 인터넷 짬밥깨나 먹은 사람은 참피, 즉 실장석을 모르는 사람은 없을 거다. 참피는 몰라도 "~하는데수", "테챠아아~" 등의 참피체(한본어)는 한 번쯤은 봤을 터. 참피물이 컬트적인 인기를 끌었던 요인은 다름 아닌 가학 심리에 있다.

☞ '실장석'이라는 가상의 생명체를 소재로 삼은 창작물. 매우 가학적인 성향을 띄고 있다.

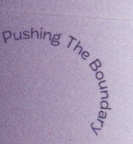

참피는 쉽게 말하자면 '개패고 싶은 캐릭터'다. 참피물 중 대표작인 「참피 키우기」라는 만화에서 그 특징이 잘 드러난다. 이 웹툰의 스토리는 단순하다. 어느 날 주인공은 친구의 부탁으로 참피라는 '애완동물'을 키워주게 된다. 이 만화에서 참피는 정체불명의 유전공학을 통해 만들어진 생물로 나온다. 그런데 이 참피는 연약하고, 더러우며, 심지어 대가 없이 키워주는 주인공을 비웃기까지 한다. 주인공이 버티고 버티다 더 이상 분에 못 이겨 참피를 괴롭히면서 만화의 본 내용이 시작된다.

인터넷은 당신의 죄의식을 덜어줍니다

사디스트 성향을 가지고 있다고 하더라도 실존하는 대상을 괴롭히는 건 여러모로 어려운 일이다. 사이코패스가 아닌 이상 누군가에게 피해를 줄 땐 죄책감이 동반되기 때문이다. 그러나 참피는 가상의 존재다. 거기에다 한심하기 짝이 없는 캐릭터다. 괴롭혀도 비교적 죄책감이 없단 소리다.

앞서 말한 특징 때문에 참피물은 다소 음침한, 타인들에게는 절대 밝히지 못하는 취미로 여겨져 왔지만(사실 지금도 마찬가지다.) 요즘 사회적 문제로 떠오르고 있는 캔슬 컬처에 비하면 그때가 오히려 나았다 싶은 생각이 든다. 참피물은 어릴 때 이유 없이 벌레를 괴롭히던 것과 결이 비슷하다. 낯뜨겁고 창피하고 그런 거. 요즘 사람들의 문제는 그 짓을 본인과 같은 사람에게 행하면서 낯뜨겁고 창피한 줄 모른다는 것이고.

바로 이 지점이 참피물보다 캔슬 컬처로 대변되는 요즘의 분위기가 더 최악이라는 것이다. 캔슬 컬처란 공인이나 일반인을 사회적, 도덕적 잣대에 따라 비난하고 배척하는 문화... 라고 하는데 사실 나는 이러한 사전적 의미만으로는 설명할 수 없는 더욱 악질적이고 소름 돋는 부분이 이 문화에 있다고 느꼈다.

최근에 지속적인 악플로 극단적 선택을 한 스트리머의 영상을 우연히 보게 되었는데 보는 내내 소름이 끼쳤다.

"솔직히 내가 잘못해서 그런 거 아니잖아. 그냥 니들이 나

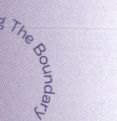

괴롭히려고 그러는 거잖아."

어떤 세력이 이 캔슬 컬처를 적극적으로 유도하고 운반하는 근본적인 이유가 진심으로 그를 질타하기 위함이 아닌 단순히 재미라고 은연중에 느껴왔다. 그런데 4년 전 영상에 이미 그런 현상이 있었다는 게 내겐 큰 충격이었다.

나 역시 푸더바 채널을 운영하며 악플을 받아봤다. '디자인이 개같다', '힙스터 호소인이다' 등 나름 납득이 가는 악플도 있었지만 그냥 무지성으로 죽여버리고 싶다는 글을 봤을 땐 머리가 띵하긴 했다. 이미 무뎌질 대로 무뎌져서 멘탈에 큰 타격을 입지는 않았지만, 누군지도 모르는 다수의 사람들에게 욕을 먹는 게 유쾌한 경험은 아니었다.

영화 <불한당>에선 총이라는 것이 죄의식을 많이 덜어주었다고 말하는 장면이 나온다. 총이 생긴 이후로 살인 사건이 많아진 건 분명 비교적 죄책감 없이 간단하게 사람을 죽일 수 있었기 때문. 실제로 흉기나 손으로 사람을 죽인다면 외상 후 스트레스가 발발할 확률이 크지만 히로시마 원폭을

터트린 비행사는 아무런 스트레스 없이 생을
마감했다. 골자는 인터넷 역시, 비교적
죄책감 없이 간단하게 사람을
죽일 수 있는 살상 무기로
변모했다는 사실이다.

죄책감은 규모에 따라 희석되지만 가학심에서 오는
만족감만은 낭낭하게 챙길 수 있는 시대. 리스크 없이
사디즘을 즐길 수 있는 시대가 온 것이다. 참피물은 찌르고
지지고 조이고 아주 별짓을 다 하며 참피를 괴롭히지만 실은
아무도 피해를 받지 않는다. 아무도 상처받지 않는 세계의
완성이다. 반면 캔슬 컬처는? 말 안 해도 알 것이다.

사람은 잘못을 하고 그것을 통해 배우고 성장하며 살아간다.
나 역시 이러한 과정을 실제로 경험한 입장으로서 강하게
믿는다. 내가 가장 싫어하는 말이 '사람은 고쳐 쓰는 거

아니다'인 것도 이 이유에서다.

그러나 지금의 세태는 잘못을 통해 배울 기회 자체를 아예 없애버리는 추세다. 반성하지도 못할 정도로 무참히 밟아버리는 것이다. 이 움직임은 과연 누구를 위한 것이며, 이렇게 해서 남는 것은 과연 무엇일까. 정말로 중대한 죄라면, 그것을 처벌하는 것은 국가의 몫이다. 또한 반성하는 것은 죄를 저지른 개인의 몫이다. 여기서 창작이라는 영토 위에 서 있는 우리들의 몫은 과연 무엇일까.

ushing The Boundary

#10

그때는 알 수 없었지요

"푸더바님 더현내 팝업 하실래요?"

유튜버 남궁재불(@posty_jb)님의 제안. 게시물이 연달아 초대박을 쳐 한창 떡상 중이었던 시기, 천금 같은 기회가 온 거다. 스무 살에 더현대라니, 이거야말로 길이길이 기억할 만한 인생 업적이다. 거기다 라인업도 내가 인스타 시작하기 전부터 즐겨봤던 코리아할렘(@koreaharlem), 힙합페이크야(@hiphopfakeya), 류정란(@egg_shorts) 등의 어마어마한 인플루언서들이 다수 참여해서 정말이지

여러모로 달콤한 제안이었다.

그러나 책정된 부스비는 학생 신분으로 감당할 수 없을 정도로 큰돈이었다. 단순히 입점비만이라도 지불하려면 모아둔 돈을 다 털어야만 겨우 맞출 수 있었다. 부스 설치와 기타 경비까지 더하면 도저히 내 힘만으로는 충당할 수 있는 비용이 아니었다. 해야 되나 말아야 되나 100번은 더 고민했던 것 같다. 가족에게도 물어보고, 주변 친구들에게도 질릴 때까지 물어봤다.

솔직히 말해서 그때 당시에 나는 그 금액을 회수할 자신이 없었다. 스무 살이 무슨 돈이 있겠는가, 한 푼이 아까운 상황이었다. 또 사람들 앞에 나서는 데에도 두려움이 있었다. 이런 여러 가지 이유로 결국, 이번에는 참여가 불가능할 것 같다는 연락을 드렸다.

결정은 한 순간이었지만, 아쉬움은 지독하게 오래갔다. 특히 초대받아 그 팝업에 가게 되었을 때 후회가 물밀듯 밀려왔다. 서울에서 가장 핫한 더현대, 그중에서도 사람이 가장 많은 지하층에 감각적으로 꾸며진 공간. 내가 평소 동경해왔던 수많은 셀럽들이 직접 싸인한 구조물도 있었다.

머릿속에 자꾸 아쉬움이 번져갔다. '나도 여기에 한자리할 수 있었단 말인가?' 이런 생각이 나를 미치도록 괴롭혔다. 그때 한 선택은 '내 인생 최악의 선택 TOP 10' 안에 들어간다. **아쉬움이 사람을 돌게 만들더라.** 바보 같은 실수로 사랑하는 사람과 헤어졌을 때, 그 고통스러움을 아는 사람이라면 내가 하는 말이 무슨 말인지 잘 알 거다. 내가 거기서 그 말을 하지 않았더라면, 좀 더 소중하게 대해줬더라면... 하는 후회들이 주는 고통스러움.

다들 알겠지만, 사람은 멍청하다. 실수와 후회의 반복. 그러나, 후회가 꼭 나쁜 감정만은 아니다. "'어쩌면 저주가 아닐까?'라고도 생각해 봤지만 난 그지 열일곱을 살던 중이었어요"라는 검정치마의 「Flying Bobs」 속 가사처럼, 우리에게 일어나는

일들은 결코 저주가 아니다. 그저 인생을 살며 일어나는 과정일 뿐이다. 뼈아픈 이별 후에는 분명 다음 사랑을 좀 더 잘할 수 있는 사람으로 성장하는 것처럼, 후회는 의사결정을 개선해주는 매커니즘이더라.

좀 전에 말했던 더현대 팝업에 대한 후회는 나를 도전에 관대한 사람으로 만들어주기도 했다. HMH ☞ 마인드. 되면 좋은 거고 안 돼도 좋다. 실수에서 배워가는 게 분명 있으니까. 실수는 말하자면 젊은이의 특권이다. 이런 깨달음들이 쌓이고 쌓여 일단 도전하자는 신념은 더더욱 단단해졌다. 그 덕에 겁 없이 팝업에도 도전할 수 있었고, 지금 이렇게 책도 쓸 수 있게 되었다. 실패를, 실수를, 후회를 두려워하지 말자. 그땐 알 수 없었겠지만, 이 모든 게 내가 원했던 거였을 테니까.

☞ '하면 해'라는 뜻의 인터넷 용어.

#11

팔랑팔랑 팔랑이는 나비

나는 유우명한 팔랑귀다. 이런 특성 때문에 푸더바 운영에도 꽤나 어려움이 있었다. 대충 이런 식이다.

더바님 이건 이렇게 하는 게 좋을 것 같은데요?
ㄴ 아아... 그렇네요.

형, 게시물 수위 좀 올려도 될 것 같아.
ㄴ 아아... 그런가...?

\# 님 못생겼어요.
↳ 아아...

그렇게 이걸 바꾸고 저걸 바꾸고 하다 보면 인스타그램 피드는 어느새 뒤죽박죽되어 버리고 대중은 하나둘 떠난다. 콘텐츠의 통일감은 팔로워 유지에 가장 절대적인 요소이니 당연한 결과다.

"이생퀴 왜 이런 거 올리지?"
↓
"초심 잃었네..."
↓
"언팔해야겠당~"

이 마의 삼단논법이 나를 마음 아프게 한다. 더 좋은 콘텐츠를 만들기 위한 노력이 "초심 잃었네"라는 무적의 문장으로 변질된 거니까. 그래도 뭐 어쩌겠나. 나 같이 사람 관심 먹고 사는 사람은 까라면 까야지. 자본주의는 차가우니까. 윤루카스가 괜히 그런 소리를 한 게 아니다.

아무튼 이런 팔랑귀 성격 때문에 팔로워 **4000명** 이탈 철퇴를 맞고 나서야 비로소 깨달은 몇 가지가 있다. 일단 첫 번째, 소재가 마이너하다고 해서 표현까지 마이너하면 안 된다. <mark>이게 무슨 말이냐면, 여러분도 알다시피 푸더바는 주로 서브컬처를 소재로 삼는 채널이지만 그것을 대중에게 소개하는 방식까지 마이너하면 안 된다는 말이다.</mark>

푸더바가 심플한 디자인으로 어그로를 팍팍 끌어대는 이유도 바로 여기 있다. 실력이 부족해서 그런 게 결코 아니다. 진짜다. 믿어줘라. 이를테면 이런 거다. 내가 좋아하는 『빌리 배트』, 『호문쿨루스』같은 복잡한 철학을 담아낸 만화를 소개할 때 그다지 많은 언어를 쓰지 않는다. 가뜩이나 복잡한 내용의 만화를 더 복잡하게 소개하면 그 누가 이 만화에 관심을 가질까 하는 생각 때문이다.

이럴 때는 "그녀의 책장에 이 만화가 있다면 당장 도망치세요" 같은 밈을 끌어와서 표현하곤 한다. 이런 표현을 쓰면 이 만화가 아주 위험하고 복잡한 철학을 가졌음을 간접적으로 표현하면서도 사람들의 흥미를 확실히 끌 수 있는 것이다.

실제로 저 밈은 반응이 좋아 푸더바를 대표하는 콘텐츠가 되기도 했다. 내가 말하는 '마이너한 소재를 메이저하게 표현하기'란 이런 거다.

그리고 두 번째, 의도가 있는 게시물을 만들자. 재미는 '좋아요', 어그로는 '조회수', 유익함은 '저장', 공감은 '공유', 통일감은 '팔로우'를 유발한다. 하나의 게시물에서 앞서 말한 조건 중 적어도 2개 이상은 충족되어야 한다. 우리는 일기를 쓰는 게 아니라 사람들의 관심을 받아야 하는 콘텐츠를 만드는 것이니까.

이 일을 하며 깨달은 게 있다면, '휘둘리지 말자'다. 선택은 항상 내 몫이더라. 나보다 내 일에 더 생각을 많이 하는 사람이 있을까? 있다면 그건 스토커겠지. 그리고 원래 연애 못하는 애들이 연애 훈수 두고, 공부 못하는 애들이 시험 끝나고 답 맞춰보고 그런 거니까.

남을 믿지 말고, 나를 믿자. 내가 좋은 거, 잘하는 걸 100번 정도 해보고 뭐 하나 걸리면 그거 계속 파면 되는 거다, 원래.

패션플랫폼서울(@fashion_platform_seoul) 운영자분과 식사를 한 적이 있는데, 그분 또한 블로그나 유튜브 등 다양한 것들을 계속 시도하다가 그중 인스타그램 하나가 잘 걸려서 지금까지 운영 중이라고 하셨다. 나도 마찬가지다. 웹소설 도전, 쇼핑몰 운영 싹 다 망하고 이거 하나 잘 된 거다.

내 게시물의 표현 방식은 여타 매거진 계정과는 달리 거칠고 불편하다. 쉽게 말하자면 음지 느낌이 가득하다. 나는 이런 방식이 좋고, 또 이런 감성을 좋아하는 사람들이 푸더바의 팬이 되길 바란다.

불편한 사람들은 언제나 존재한다. 나 같은 경우도 "이런 거 올려도 되냐"는 식의 댓글이나 DM이 수백 번은 달려봤다. 처음에는 마음고생이 심했지만, 그런 사람들의 말을 계속해서 수용하다 보면 그런 사람만 남게 된다는 걸 깨달았다. 젠트리피케이션은 인스타에도 있더라. 그러니 다 좆까고 자기 것을 하자. 그러다 보면 나 자신 그대로의 모습을 온전히 좋아하는 4000명의 사람들이 나를 보러 와주는 값진 경험을 할지도 모른다.

Pushing The Boundary

#12

우리가 살아남는 법

\# 칸예 웨스트 한국 내한 결정!
\# 예(ye)가 한국에 온다고?
\# 드디어 한국에 오는 칸예

예(aka. 칸예 웨스트)가 한국에 온다는 소식에 덩달아 흥분했지만, 이내 팍 식고 말았다. 내려도 내려도 똑같은 뉴스. 이미지라도 바꾸든가. 죄다 폴로 셔츠 입은 그 사진. 동일한 뉴스만큼 영양가 없는 정보가 또 있을까. 소식은 한 번이면 충분하기에 손가락은 어쩔 수 없이 언팔로우를 향했다.

비단 뉴스뿐만이 아니다. 어디선가 본 것 같은 짤과 주제. 조회수가 보장된 게시물이라는 건 이해가 가지만, 이게 과연 지속가능한 방법일까? 이런 게시물을 백날 천날 만든다고 해봐야 팬베이스라는 게 생길 수 있을까?

카페나 음식점에서 사람들이 주식 얘기 하고 있으면 이미 하락장이라는 말이 있다. 어설프게 트렌드를 따르려 하는 요즘 매거진들을 보면 그 말이 떠오른다. 푸더바가 처음으로 인스타에서 인기를 얻을 수 있었던 이유는 간단하다. 나는 주제를 안다.

인스타 매거진 시장은 한계가 참 많다.

콘텐츠 차별화가 어려움, 광고 지면의 한계, 구매력 있는 독자 확보의 어려움, 팬베이스를 생성하기 힘듦...

대충 정리만 해도 이 정도다.

이 지점들을 해결하기 위해선 주제를 아는 게 참 중요하다. 말하자면 객관안☞을 켜야 한다. 내 단점은 뭘까. 미숙한 디자인 실력, 숨길 수 없는 천박함 등이 있겠지. 반면 장점은 내가 꽤 재밌는 사람이라는 것, 그리고 온갖 이상한 걸 많이 봤다는 것 정도. 이렇게 객관안을 발동시켜 장단점을 구분해두면 해도 되고, 하면 안 되는 것이 무엇인지 보인다.

나라고 어렵거나 부끄러운 순간이 없었던 건 아니다. 한강 작가가 노벨상을 수상했을 때, 서둘러 게시물을 만든 적 있다. 솔직히 말해 조회수 한번 빨아보려고 만든 거다. 그렇게 오류투성이인 엉망진창 퀄리티의 게시물이 탄생하고야 말았다. 푸더바를 운영하며 처음으로 부끄러웠던 게시물이다. 좋아요 1만을 넘는 기염을 토하기도 했지만, 이내 자괴감을 극복하지 못하고 조용히 보관탭에 넣어놨던 기억이 난다.

그리고 '읽고 나면 피폐해지는…', '보고 나면 피폐해지는…' 식의 게시물이 인기를 얻고서는 그런 종류의 게시물만 계속해서 올렸던 적도 있다. 이런 자가복제는 처음에는 뜨거운 관심을 얻었지만 갈수록 팔로워들이 지루함을 느꼈는지 이내

☞ 그 어떤 편견의 개입 없이 팩트에만 근거해 무언가를 평가 및 진단하는 능력. 유튜버 우왁굳이 처음 쓴 표현으로 알려져 있다.

143

그 관심은 현저히 떨어져갔다. 그래서 많이 읽고, 많이 듣고, 많이 봤다. '피폐 원툴'에서 벗어나기 위해 평생 안 읽던 로맨스 소설도 펼쳐봤으니까.

푸더바에 올리는 콘텐츠는 그러한 고민과 노력이 집합된 결과다. 내가 할 수 있는 걸 꾸준히 하면, 곧 나만 할 수 있는 게 된다. 나만 할 수 있는 것에 인풋을 지속적으로 늘리면 그건 곧 개성이 된다. **개성은 팬을 만든다. 무난한 사람에겐 팬이 생기기 어렵다. 차라리 모난 게 낫다.**

알 사람들은 다 아는 언더 힙합씬의 수호자 최성. 내가 가장 좋아하는 래퍼인 그는, 인지도는 여타 메이저 래퍼보단 적지만 누구보다 강력한 코어팬이 있다. <쇼 미 더 머니>에 나와 스포트라이트를 받고 반짝 왔다 가는 래퍼들을 보며 스윙스는 '6개월짜리 연예인'이라고 비판한 바 있다. 최성은 그와는 정반대의 행보를 보이고 있다. 자신에게 실질적인 관심과 돈을 지불해줄 소수의 팬만으로도 하고 싶은 음악을 한다. 말하자면 '평생 예술가'다.

6개월짜리 연예인은 여러모로 제약이 많다. 첫째로 너무 빠르고 넓게 얼굴이 팔린다는 것. 그리고 이 유명세가 결코 탄탄하지 않다는 것. 준비되지 않은 상태에서 이런 유명세를 얻으면 헛바람만 든 채 무너져내리는 경우가 허다하다. 반면 평생 예술가는 돈과 인기를 빠르게 모으지 못하더라도 보다 자유롭고, 강력한 팬층 덕에 평생 굶어 죽을 걱정은 없다.

최성이 강력한 팬베이스를 형성할 수 있었던 이유 첫 번째는 내가 앞서 말한 개성이다. "이번 크리스마스에는 나는 알고 싶어 내가 니 오나홀인지 사랑을 원하는 건지"라는 「이번 크리스마스에는 나는 알고 싶어」속 가사를 보라. 그간의 한국 힙합씬에서 볼 수 없었던 파격적이고 음울한 감성은 수많은 멘헤라 팬들을 양성해냈다.

또한 최성은 팬들과 보다 진실된 소통을 늘 시도한다. "아, 진짜요?"만 남발하는 아이돌식 소통이 아닌 진짜 소통. 오픈채팅방을 만들어 서로 카톡을 나누며 팬들의 요구를 적극 반영해 공연이나 굿즈 등을 기획하는 그의 방식은 나에게 많은 영감을 주었다. 실제로 팬베이스가 두터운 고스트클럽 같은 래퍼나 더스파이시감자숍(@the.spicy.gamja.shop)같은 패션 브랜드도 목숨 걸고 팬들과 소통하려 한다.

푸더바 디스코드 방을 만든 목적도 이런 데 있다. 인스타에서 소통하는 건 분명 한계가 있다. 일방향이 아닌 양방향 소통을 하기 위한 최적의 플랫폼은 디스코드다. 보이스방에 들어와 채널 주인장과 웃고 떠들 수 있는 공간을 간단하게 마련한 거다. 푸더바 디스코드에는 약 1000명의 구독자가 있는데, 나는 이곳에서는 거의 매일 방송을 하며 팬들과 소통한다. 함께 게임도 하며, 고민 상담도 한다. '1 대 다수'가 '아닌 1 대 1', 마치 친구처럼 팬들과 노는 거다. 뛰어난 정보력도, 깔끔함도 없는 나의 채널에 사람들이 몰리는 건, 이런 이유 때문이 아닐까.

INTERVIEW 2

'팬베이스'를 쌓기 위한 노력

다음은 내게 진정한 소통을 알려줬던 온라인상의 비대면 스승들이다. 거품 낀 유명세와 인지도가 아닌, 좁지만 깊은 팬심으로 대중과 소통하는 그들에게 팬베이스를 쌓아온 노하우를 물어봤다.

Q. 팬베이스를 쌓는 자신만의 방법이나, 그러한 경험이 있다면 들려주세요.

더스파이시감자숍

영업 비밀이라 답변드리기 어려울 것 같습니다. 도움 못 드려서 죄송합니다.

~까지가 농담이고.

여러 가지 방법이 있겠는데, 저희는 그래픽 베이스의 의류 브랜드를 운영하지만 옷을 파는 게 아니라 환상을 판다고 생각해요. 그 환상은 향기 있는 사람이나 향기 있는 브랜드에 자연스럽게 생기는 것 같고, 살면서 겪어온 에피소드가 다채롭고 다양한 동시에 곤조 존나 있고 흔들리지 않으며 타인의 무의식적인 시선에서도 강인하다고 느껴지는 사람한테서 향기가 나는 것 같아요.

그러려면 남들 술 마시고 놀 때 개인적인 시간을 가지고, 자기 자신과의 대화를 나누는 게 가장 중요하다고 생각합니다. 그리고 살짝 유의해야 할 점은 팔로워와 팬은 엄연히 다른 존재라 단순 팔로워를 팬으로 오해하지 않는 게 중요하다고 생각합니다.

제가 말재주가 없어서 죄송... 하진 않습니다 그다지 ㅎㅎ
@the.spicy.gamja.shop 많이 팔로우해주시구 긴 글
읽어주셔서 감사합니다.

최성

나는 스스로를 많이 재단하며, 글을 쓸 때조차 평소와
다른 어투를 쓰곤 한다. 그래서 정체성에 대해선 "아직 잘
모르겠다"가 솔직한 답이다. 다만 작업하는 동안 기억하려는
문장이 있다. "이 순간이 마지막이라면 무엇을 고할까."
솔직함은 사회에선 불친절할 때가 많지만, 그것이 나는
나다움이라 믿는다.

그러나 그 과정에서 관계나 도의, 내가 바라는 내 모습과
멀어지기도 하고, 특히 타인에게 상처를 줄 땐 마음이 괴롭다.
내 작업물들이 자랑스럽기만 하지 않다. 너무 개인적인 기억과
확신이 담겨 있어 부끄럽기도 하다.

나는 어린 팬들에겐 못난 그 모습까지 사랑하라 말하고 싶고,
부모님들에겐 조금 죄송하다. 모두가 자기답게 살 순 없기에
아티스트에게는 저마다의 책임과 소명이 있다고 생각한다.
하지만 나는 작업물 안에서 가끔 욕하고 놀리고 싶을 때 멈추지
못할 것 같다.

고스트클럽

6개월도 못 갈 관심이라고 생각하고 있지만 지금 주시는 마음만큼은 진심이라고 생각하기에 최대한 많은 팬들과 오프라인에서 오래 소통하려고 노력합니다.

20분짜리 공연을 마치고 2시간 동안 사인을 했을 때가 가장 피부에 와닿았던 상황 같습니다. 힘들면 힘들다고 할 테니까 그땐 좀 (집에) 가시고… 사랑합니다.

불편하면
자세를 고쳐 앉아

Name   사우스 코리안 파크
Category   유튜브 > 코미디/풍자
Release Year   2022

논란의 유튜브 채널

유튜브에 혜성 같이 나타나 엄청난 속도로 인기가 급부상했던 채널이 있다. 그 채널의 이름은 바로 사우스 코리안 파크 South Korean Park, 일명 사코팍. 영상을 올리는 족족 100만 조회수를 기록할 정도로 그 인기가 대단하다.

나는 이 채널을 쇼츠를 통해 처음 접했다. 채널명처럼 실제 미국 애니메이션 시트콤 <사우스 파크>를 연상시키는 그림체와 유머코드 때문에 관심이 생겨 채널을 발견한 그날 모든 영상을 다 보고 말았다. 평소 <사우스 파크>의 모든 시즌을 거의 다 챙겨볼 정도로 <사우스 파크>에 광팬인 것만으로도 이 채널을 챙겨볼 이유는 충분했다. 그러나, 이 채널이 그저 사우스파크의 카피캣 정도였다면 이 정도의 인기를 구가하긴 힘들었을 것이다. 사코팍은 '한국'이라는 국가를 대상으로 해 <사우스 파크>식 사회 풍자를 선보인다는 점에서 그들과 차별점을 두었다.

우리는 평소 '여경 논란', '페미니즘 논란', '사이비 논란'

등을 렉카 유튜버들이 그저 지금의 상황을 읊어주는 것을 통해서 접해왔다. 그러나 사코팍은 이 다양한 논란들을 애니메이션이라는 예술을 통해 승화시키며 풍자했다는 점에서 찬사받아 마땅하다. 사코팍의 창시자 유튜브 스튜디오 장삐쭈는 이전에도 장삐쭈라는 유튜브 채널로 사회 풍자를 시도했다. 그랬던 그가 기존의 잘나가던 채널을 버리고, 심지어 스스로 장삐쭈라는 것도 숨긴 채 새로운 채널을 만들어 엄청난 속도로 구독자를 모은 것이다.

하지만 민감한 주제를 다루니만큼 그에 따른 논란 또한 들끓고 있다. 단순히 재미가 있다고 해서 장애인을 비방하고 종교를 비방하는 콘텐츠를 허용해도 되느냐는 의견이 지배적이다. 심지어는 대통령의 계엄 사건을 다룬 에피소드가 논란이 커져 계획되어 있던 장삐쭈의 팝업 스토어가 취소되기도 했다. (여담이지만, 이 행사의 광고를 푸더바 채널에서 맡기도 했다.)

모든 중요한 메시지는 불편하다

하지만 나는 그러한 반대론자들의 주장에 쌍뻐큐를 날리고 싶다. 표현의 자유는 숭고하다. 누군가의 마음에 상처를 입히는 것보다도 표현의 자유가 중요하냐는 물음에 나는 잠깐의 망설임도 없이 그렇다고 대답할 것이다. (그러나 직접적인 상해를 유도하는 것은 제외다. 그것은 표현이 아닌 진정한 의미의 폭력이므로.)

누군가와 1 대 1로 대화할 때 이 사람에게 불편한 감정을 주지 않도록 하는 것은 가능하다. 그건 오히려 올바른 방향일 수 있다. 하지만 1 대 10일 경우에 혹은 1 대 100일 경우에 누군가에게 불편한 감정을 주지 않는 것이 과연 가능할까? 누군가에게 불편한 감정을 주지 않으면서 진정으로 그들에게 중요한 메시지를 던질 수 있을까? 표현의 자유가 지켜지지 않는다면, 우리는 그 어떤 중요한 말도 할 수 없다.

표현의 자유가 없었다면 마틴 루터 킹도 없었을 것이고, 흑인에 대한 차별은 여전했을 것이다.

무엇보다 사코팍은 재밌다. 특히 멤버십 영상들을 보고 나면 그 엄청난 세계관과 스토리 기획력에 경탄이 나올 정도다. 이것을 보고 웃음을 터뜨리거나 감명을 받는다고 해서 당신이 나쁜 사람이 되는 건 아니다. 웃긴 건 그냥 웃긴 거다. 우리 곁에 일어난 끔찍한 사건들을 '해학'을 통해 초월하는 능력은 지구에서 오직 인간만이 갖고 있는 능력이다.

자유로운 사회의 특징은 코미디언들이 자신의 능력을 100퍼센트 발휘할 수 있다는 점이다. 우리는 시청자들의 '불편한 감정' 때문에 유재석이 곤장을 맞아야만 했던 제2의 '홍철아 장가가자' 사건을 만들어선 안 된다. 수위 높은 소설을 썼다고 해서 구속되었던 제2의 마광수나 장정일이 탄생해선 안 된다. 대중들의 경계선에 서서 줄타기를 하는 사코팍에 존경의 박수를 보낸다. 그들이야말로 경계를 밀어내고자 하는 진정한 의미의 예술가라고 생각한다. 그들을 보며 영감을 받은 많은 창작자들은 역시 그들이 넓혀 놓은 경계 안에서 더 자유롭게 표현할 수 있을 것이다.

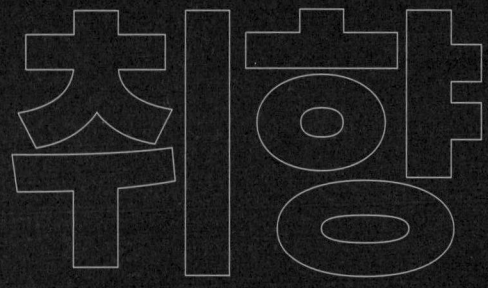

PART 3

개성

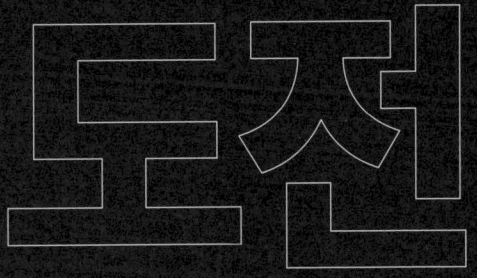

**본인이 X신이라는 걸
인정하는 순간부터
인생은 재밌어진다**

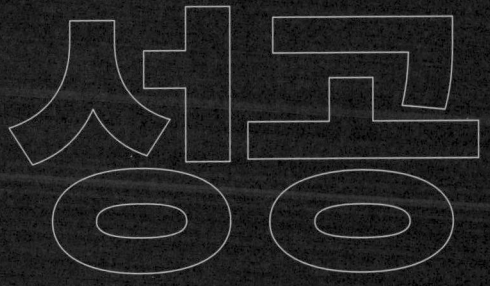

#13

Kyo야
사랑을 해봤니

"Kyo야 사랑을 해봤니."

대체 이게 뭘까. 스포티파이를 틀어놓고 푸더바 게시물을 편집하다가 자동으로 넘어간 실리카겔의 「Kyo181」을 들으며 했던 생각이다. 얼굴이 하얗디하얀 김한주 씨가 시작부터 끝까지 "Kyo야 ○○을 해봤니"를 부르는 게 전부인 이 노래. 듣는 내내 당황스러웠다. 그래도 멜로디가 참 중독적이라서 보관함에 넣어두고 생각날 때마다 틀었다. 그렇게 듣다 듣다 보니 가사 하나가 뇌리에 딱 꽂혔다.

"Kyo야 여권은 챙겼니."

이건 또 뭘까. 한주 씨 공항 갔다가 여권 놔두고 온 적 있나. 집에 다시 돌아갈 수도 없는 노릇이고... 굉장히 슬펐겠는걸. 내가 어떤 노력을 하든 바꿀 수 없는 상황이 원래 제일 힘든 법이지, 하고 생각을 하다 보니 한주 씨가 말하려는 바를 조금은 알 것 같았다.

사랑이든 결혼이든 이혼이든 이 중에 무엇 하나 내 뜻대로 되는 게 있을까. 내가 선택한 행위라고 이야기들 하지만 정말 그러한가. 사실은 대부분 불가항력적인 현상이 아닐까. 그리고 우리는 그것 때문에 자꾸만 아프고, 공허하고, 심지어는 기쁘기까지 한다.

2024년 가을쯤 푸더바 채널이 알 수 없는 이유로 블락을 먹었던 적이 있다. 무슨 게시물을 올려도 팔로워 이외에는 노출이 안 되고, '좋아요'나 댓글 같은 기능도 전혀 쓸 수가 없었다. 인스타 측에 직접 문의를 해도 돌아오는 대답은 없었고, 문제가 될 만한 게시물들을 삭제해도 바꾸는 건 없었다.

그 상태가 약 2주 동안 지속됐는데, 그동안의 불안감은 이루 말할 수 없다. 핸드폰을 켜 인스타그램에 들어갈 때마다 '이 계정이 사라져버리면 어쩌지', 그리고 '이게 사라지면 나는 뭐지' 같은 생각을 멈출 수가 없었다. 한심하던 신차일로 다시 돌아가는 건가라는 생각을 끝도 없이 했다.

그때 깨달았다. 푸더바 계정은 내가 그동안 "이겨야 한다"를 외치며 아득바득 키워낸 계정이지만, 그냥 인스타그램의 "딸깍" 한 방이면 모든 게 사라질 모래성이라는 것. 그리고, 나라는 존재도 그런 모래성 같은 사람이라는 것. 처음으로 이 사실이 거대하게 다가왔다. 그러다 무슨 영문인지 블락이 한순간에 풀어졌다. 어떠한 설명도 없이 모든 기능이 문제없이 사용됐다.

나는 안도의 한숨을 100번쯤 쉬었다. 너무 기쁘고 안심이 되어 눈물이 날 지경이었는데, 한편으로는 이런 내가 참 한심스러웠다. 2주간의 고통과 지금의 기쁨 중 내가 내 힘으로

바꿔낸 게 단 하나라도 있는가. 참 나약한 존재라는 생각이 들었다.

생각해보면 삶도 마찬가지 아닌가. 전부라고 할 순 없겠지만, 대부분 이렇다. 마치 급식 시간처럼 영양사 선생님의 재량에 따라 오늘 급식이 소시지 야채 볶음이라면 붐업인 거고, 코다리 조림이라면 붐따인 거다. 주는 대로 먹는 밥, 주어진 대로 사는 삶. 여기에 대항하려 나는 무던히도 애를 써왔지만, '인생은 금물' ⌇ 이라는 공허함 섞인 결론에 도달할 뿐이었다.

이런 일들이 왜 자꾸만 일어나는지 물어보고 싶지만 결코 답을 찾을 수 없었다. 「Kyo181」의 가사가 모두 질문으로 되어 있는 건 이런 이유 때문이 아닐까 싶다. 그럼에도, 그럼에도 우리는 Kyo에게 계속해서 질문을 던진다. 우리를 힘들게 하고, 때론 기쁘게 하는 원인 불명의 그 녀석을 찾기 위해.

☞ 세상살이에 대한 허무함을 표현한 언니네 이발관의
노래 제목이기도 하다.

#14

팝업을 열자!
(上)

촌스러운 티는 내고 싶지 않았지만, 덜컹거리는 ITX 창문에 기댈 때 귀가 간지러운 만큼이나 두근거리는 마음을 어쩔 수는 없었다. 고등학교 때 어머니가 사주신 노트북을 고등학교 때 어머니가 사주신 노스페이스 가방에 욱여넣을 때면, 21살이라는 어린 나이를 상기시켜주는 듯하다. 그러면서도 소중한 돈과 시간이 오가는 미팅에 나간다는 사실에 스스로를 자랑스럽게 여기며 마음을 굳게 먹었던 나날들.

춘천에서 서울까지는 왕복으로 5시간이나 걸리지만, 그

시간이 결코 길게 느껴지지 않았다. 왜인지 모르게 자꾸만 화가 나 있는 지하철 안 사람들 사이에 부대끼고 있으면 시간이란 건 정신없이 흘러가기 마련이었다. ITX에서 지하철, 지하철에서 버스를 몇 번이고 갈아타며 도착한 성수의 한 공간.

화려한 레이저 조명과 철제 행거에 수십만 원짜리 옷이 걸려 있는 그곳은 성수 그 자체를 상징하는 것처럼 보였다. 노란색으로 염색을 하고 키치한 문신이 있던 직원, 굽이 5cm는 넘어 보이는 뾰족구두를 신고 한껏 꾸민 여자 손님들... 그곳에 있으면 가장 평범한 내가 가장 튀었다. 나라는 사람이 이곳에 어울리지 않는다는 것 정도는 잘 알고 있었지만, 그 사실이 오히려 꼭 이곳에서 팝업을 진행하고 싶다는 생각을 들게 했다.

언제나 웃는 얼굴로 나를 맞이하는 매니저님. 매니저님과의 미팅은 마치 30대 후반 남녀의 맞선과도 같다. 서로 예의는 차려야 하지만 원하는 걸 반드시 쟁취해야만 하는 급하디급한 30대 후반의 남녀의 맞선 말이다. 미팅 중간중간 서울 멋쟁이들이 수없이 들락날락거리고 하하호호 웃으며 거울샷을

찍을 때면 내게 남아 있던 조금의 여유도 바싹 말랐다. 모든 미팅이 그렇듯, 우리는 만족스러우면서도 만족스럽지 못한 대화를 이어가며 하나의 목표에 도달하려 애썼다.

팝업을 열고 싶었던 이유는 간단하다. 21살을 바쁘고 멋지게 보내고 싶었기 때문이다. 항상 고민만 하다 시작도 못하고 시간을 보냈던 고등학생의 미운 나를 청산하고 싶기도 했다. 하필 왜 성수였냐고 묻는다면 비주류 문화를 소개하는 내가 주류 상권인 성수에 팝업을 여는 것이 상상만으로도

통쾌해서였다. 지금은 마이너에 있지만 개성 강하고 실력이 출중한 여러 아티스트들과 브랜드들을 당시 가장 핫했던 성수에 모아 팝업을 열어 사람들에게 소개하고 싶은 마음도 컸다.

'모든 주류 문화는 원래 비주류였다'는 나의 가설을 바탕으로 팝업의 주제를 "Minor Makes Major"로 정했다. 부산에서, 포항에서, 대구에서 나를 보러 온다는 팔로워들을 생각하면 결코 허투루 준비할 수 없었다. 멀리서 와준 팬들에게 음료를 제공하기 위해 발 벗고 나서 음료 스폰서를 구하기도 했고, 이곳에 온 경험을 사진으로 남겨 오래오래 기억했으면 하는 바람에 포토존과 포토부스 필터 또한 직접 만들었다.

팝업을 위해 계약서를 몇 장이나 썼는지 모르겠다. 그 과정에서 계약이 잘못됐다며 참여 브랜드와 한바탕 난리가 나기도 했다. 팝업 홍보에 집중하느라 떨어져가는 팔로워 숫자를 보며, 매주 두 번씩 춘천과 서울을 왕복해 미팅을 진행하느라 엉망이 된 몸 상태를 보며, 내 선택이 맞는 걸까 몇 번이나 의심했지만 칼을 뽑았으면 무라도 베자는 심산으로 이를 악물며 준비했다.

수많은 우여곡절 끝에 나의 팝업은 그렇게 시작되었다.

#15

팝업을 열자!
(下)

인스타그램 매거진 계정이 이 정도 규모의 팝업을 열었던 사례가 있던가. 아니, 그 전에 매거진 계정이 팝업을 열었던 적이 있긴 한 건가. 불안함에 베개를 쥐어짜고, 이불을 팡팡 차대도 아침은 집요하게 찾아온다. 사람도 들어갈 수 있을 것 같은 캐리어에 팝업에서 판매할 굿즈들을 잔뜩 담아 성수로 향했다.

준비한 굿즈들을 보라색 부스 위에 착착 올려 세팅하고, 참여자분들과 자본주의 미소를 곁들인 인사를 나누었다.

선착순 이벤트로 준비한 음료수까지 진열을 마치니 점점 내가 팝업을 연다는 사실이 실감되기 시작했다. 5000미터를 완주한 마라토너처럼 심장이 쿵쾅댔다.

1인 팬미팅이라면 사람들이 많이 찾아오지 않는다고 할지라도 속상하면 그만인 일. ==그러나 나를 믿고 참여해준 참여진들과 전폭적인 지원을 해준 팀원들을 위해서라도 사람들은 반드시 많이 찾아와야만 했다. '좋은 경험이었다'로 그치기엔 일이 너무 커져버린 것이다.==

그렇게 물도 없이 베이글을 마구 집어 먹은 것처럼 내내 답답한 마음으로 준비를 하다가 잠깐 편의점을 가려고 밖을 나왔을 때, 나는 보고야 말았다. 호기심 가득한 눈을 한 사람들이 끝도 없이 길게 줄을 선 모습을 말이다.

"이거... 나 보러 온 건가?"
"여기 줄 서 있으면 그렇겠지?"

팀원과 그런 대화를 나누다가 이내 환호했다. 복잡한 마음,

luvluvluv.seoul

하지만 자꾸 솟아오르는 입꼬리. 정신이 나간 채 마무리 준비를 했고, 마침내 시간이 되었다. 차단봉의 벨트가 풀림과 동시에 사람들이 봇물 터지듯 쏟아져나왔다.

여기서 내가 간과한 사실 하나. 나는 평생토록 친구는 한 자릿수를 유지해오고, 침대에 완전히 흡수되기 직전에 겨우 밖을 나가는 지독한 내향형 인간이라는 사실. 생판 처음 본 사람과 인사를 하고 그들에게 물건을 팔고, 낯간지러운 이벤트를 진행한다는 건 상당히 곤란한 일이었다. 직설하자면, 좆됐다고 생각했다.

"혹시... 푸더바님이세요?"

잡념을 깨는 한마디.

"아, 안녕하세요."

긴장한 그들과 더 긴장한 나. 목소리를 덜덜 떨며, 하지만 최선을 다해 마음을 꾹꾹 눌러 담아 응대했다. 대체 내가 뭐

하는 놈인지 보고 싶어서 왔다는 사람, 저번에 못 산 굿즈를 사러 왔다는 사람, 푸더바 면상이 궁금해서 왔다는 사람, 학교를 째고 왔다는 사람, 할 일 없어서 왔다는 사람, 부산에서 왔다는 사람, 수원에서 왔다는 사람... 저마다의 이유로, 저마다의 장소에서 나를 보러 왔다. 일전에 피시방 같이 갈 사람 한 명이 없어서 집에만 콕 틀어박혀 있던 내가 이 수많은 사람들을 성수로 오게 만들었다는 사실이 도저히 믿기지 않았다.

공통점이라고는 나를 보러 왔다는 것뿐인 서로 다른 사람들. 그런 그들과 대화를 나누는 것은 그 무엇으로도 치환되지 않은 값진 경험이다. 내가 추천해준 어느 웹툰을 보고 크게 감명을 받아 죽으려던 마음을 고쳐먹었다는 팔로워분도 있었다. 그리고 내가 자신의 작품을 추천해줘서 정말 큰 도움을 받았다는 작가분도 있었다.

즐거운 얼굴을 한 그와 이야기 할 때는 즐거웠고, 감사한 얼굴을 한 그와 이야기 할 때는 감사했다. 몸은 땀으로 범벅이 되고 다크서클은 짙어져가고 다리는 후들거렸지만,

응대는 점점 익숙해졌고 일관된 감사함이 마음속에 차곡차곡 쌓여갔다. 그때 쌓인 마음들이 여전히 날 지탱하고 있다. 서로 다른 사람들이 나라는 곳에 한껏 모였다가 서로 다른 곳으로 사라진다. 참, 신기할 일이다.

+ 후일담. 관계자분 말에 따르면 3일 동안 약 4000명이 제 팝업을 찾아와주었다고 해요. 이 자리를 빌려 무한한 감사를 전합니다. 제가 누군가에게 재미를 주거나, 영감을 주거나 심지어는 누군가를 구원했다는 사실을 그때 처음 알았어요. 제 자신이 자랑스러웠던 최초의 순간이었답니다. 여러분 또한 저를 구원했다는 사실을 알아줬으면 해요. 다시 한번 감사합니다.

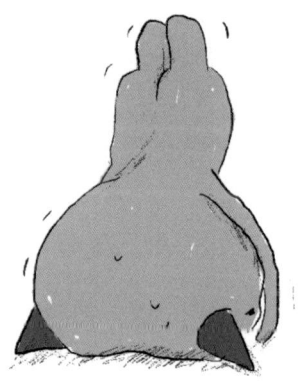

Pushing The Boundary

나 그녀랑 헤어졌어
그녀가 힙합이 아니어서

Name 태호서울
Category 브랜드 > 패션
Release Year 2023

그냥 느껴

스무 살이 되던 해 어느 여름날. 차오르는 대변의 기운을 겨우 억누르며 의정부 음악 도서관으로 향했다. 음악 도서관은 거대한 규모의 CD와 LP, 음악 관련 서적을 보유하고 있는 곳으로 그중에서도 3층에 있는 따끈따끈하고 적당한 수압의 비데가 죽여주는 곳이다.

급박한 손으로 엘리베이터 버튼을 누르고 화장실 문을 열어재꼈는데 변기 뚜껑 위에 종이 하나가 보였다. 종이에는 이런 문구가 써져 있었다.

"나 그녀랑 헤어졌어. 그녀가 힙합이 아니어서."

너무도 얼탱이없는 카피라이팅에 휴지 대신 써버릴까도 고민했지만 참았다.

코팅조차 되지 않은 A4 용지 달랑 하나, 이것이 패션 브랜드 태호서울의 소행이었다는 건 금세 알 수 있었다. 힙합 좋아하는

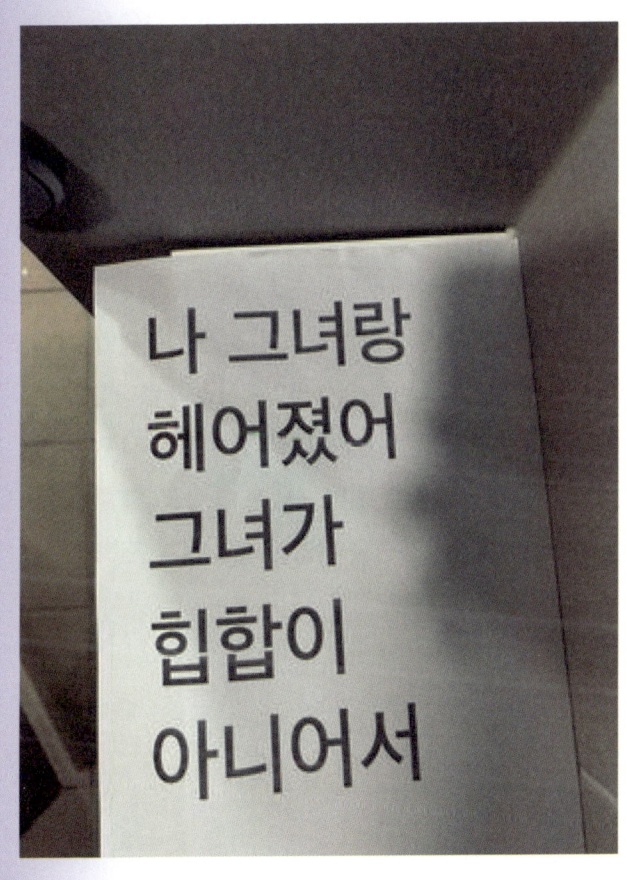

사람들이 염불을 외듯 뭐만 하면 "나 그녀랑 헤어졌어. 그녀가 힙합이 아니어서"를 중얼거리는 현상이 급속도로 펴졌던 까닭이다. 2023년 당시 인스타를 자주했던 사람은 알 것이다. 나비 타투 있고 양홍원 노래를 자주 듣는 여성분들이 인스타그램 소개글로 태호서울의 유행어를 써둔 걸 심심치 않게 볼 수 있었다는 것을. 그 정도로 그들은 분명한 대세였다.

흥미를 느낀 나는 그들에 대해 더욱 조사를 해보았지만, 탐색하면 탐색할수록 멍청이가 된 것만 같은 기분이었다. A4 용지에 "우린 눈만 봐도 알잖아", "나는 시간이 없다", "할 수 있다" 등의 어처구니 없는 문구를 써두고 가만히 서 있는 게 다인 릴스가 폭발적인 반응을 얻고 있는 이 상황을 대체 어떻게 해석해야 할까. 그렇게 고민을 거듭한 결과 내가 도출해낸 결론은 하나다. '그냥 느껴.'

더 이상 그가 우습지 않았다

"아니, ×발 이게 뭔데?"

그들의 릴스를 보며 내가 반복적으로 뱉은 말이다. 그리고 이것이 태호서울의 인기의 핵심이라고 생각한다. '대체 이게 뭐지?'를 생각하게 만드는 힘. 그것이 어찌 보면 마케팅의 기초가 아닐까. 태호서울이 선보인 여백은 그 어떤 백 마디 말보다 효과적으로 그들에 대해 생각하게 만들었다. 김종삼 시인이 전파했던 미니멀리즘의 핵심을 일개 패션 브랜드에서 느끼게 될 줄은 정말이지 몰랐다.

아무튼 그들의 행보는 작지만 강력한 팬덤을 만들어냈다. 본인만의 언어와 콘텐츠로 팬들이 발생하는 일련의 현상을 보니 더 이상 그가 우습지 않게 느껴졌다. 누가 뭐래도 꿋꿋이 뱉어내는 알 수 없는 말들을 보면 우직하게 자신만의 싸움을 해나가는 땀 냄새 나는 탑 라이너의 모습이 생각나기도 했다.

그리하여 나는 그들의 흥행에 대해 나름의 이유와 생각들을 덧붙여 칼럼을 작성했다. 그리고 이는 곧 푸더바의 첫 번째 게시물이 되었다. 원래 글을 쓰는 취미가 있었던지라 이번에는 그 플랫폼을 인스타로 바꿔본 것뿐이었다. 별 기대 없이 올렸던 게시물. 놀랍게도 태호서울의 수장인 권태호는 내 게시물을

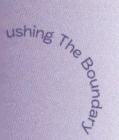

자신의 인스타 스토리에 공유해줬다.

그렇게 푸더바는 대중들의 관심을 훨씬 앞당겨 받은 채 시작할 수 있었다.

푸더바의 시작을 알린
태호서울 칼럼

INTERVIEW 3

태호서울의 수장 권태호

매거진을 운영하며 서울에서 열리는 행사나 쇼케이스에 종종 참여한 적이 있다. 그때마다 신기하게도 태호서울의 수장 권태호를 종종 마주쳤다. 그가 걷는 길과 내가 걷는 길이 비슷해 보였다. 그래서 그냥 물어봤다.

푸   반갑습니다. 간단한 자기소개 부탁드립니다.
태   안녕하세요, 태호서울의 권태호라고 합니다.

푸   현 시점 가장 강렬한 하입(hype)과 질투를 동시에 받고 있는 것 같습니다. 저 또한 서브컬처를 다루는 인스타 매거진을 운영하면서 응원도 많이 받았지만 욕도 엄청 먹었던 경험이 존재합니다. 이런 전혀 다른 시선을 동시에 받는 기분은 어떤가요?

태 첫째로 고맙다고 느낍니다. 어떤 종류의 관심이든 제가 더 나아가게 하고 있습니다. 둘째로는 신기합니다. 같은 것을 보여줘도 사람마다 느끼는 게 다르다는 것이니까요.

푸 태호서울은 엄청 짧은 시간 안에서 성장한 브랜드 같은데, 이 빠른 성장 때문에 번아웃이 온 경험은 없으신가요?

태 아직은 없습니다. 가끔 힘들 때마다 노가다 할 때 찍은 제 배경화면을 보고 다시 웃습니다.

푸 '나 그녀랑 헤어졌어' 밈으로 태호서울을 처음 접한 사람이 많을 것 같습니다. 저도 의정부 음악 도서관 화장실에서 그 A4 용지를 본 적이 있는데요.

태 '나 그녀랑 헤어졌어'는 제게 여러 가지 뜻이 담겨 있는데, **그중 하나는 제 과거와의 이별을 의미합니다.** 전단지는 그냥 제 글들이 길거리에 붙어 있으면 재밌을 것 같아서 시작해봤어요. 참고로 제가 의정부 음악 도서관 화장실에 있었던 그날, 사실 화장실 안에다가 종이를 놔두고 갈 생각은 없었습니다. 그런데 제가 화장실을 나서려는데, 밖에서 누가 들어오려는 소리가 들렸고, 그래서 갑자기

가방에 있는 종이를 꺼내서 놔두고 나왔습니다. '누가 볼일 보러 들어왔는데 이런 거 있으면 진짜 웃기겠다' 하고요. **저는 재밌을 것 같으면 합니다.**

푸 우리 그때 만났으면 진짜 웃겼겠네요. 밈의 인기가 소멸되면 브랜드의 파워도 약해지기 마련인데, 태호서울은 여전히 뜨거운 관심을 받고 있다고 생각해요. 비결이 무엇인가요?

태 계속 나아갈 수 있는 비결은 저를 응원해주시는 팬분들 덕분입니다. 제가 아무리 열심히 해도 팬분들이 없으면 저는 나아갈 수가 없어요.

푸 브랜드를 운영하려면 다양한 영감이 필요할 것 같은데 이런 건 어떻게 채우시나요?

태 저는 제 경험들, 즉 제 삶에서 영감을 받습니다. 상상 또한 경험에서 비롯된다고 생각하거든요. 그래서 저는 제가 살아가면서 최대한 어딘가에 갇혀 있지 않고 새로운 것들을 경험하고 느끼려고 노력하고 있습니다.

키트

© 태호서봉

푸 태호서울의 무대는 결국 스트리트 패션이라는 비주류 문화라고 생각합니다. 저는 결국 비주류가 주류를 움직인다고 생각하는데, 태호서울도 언젠가는 메이저로 나아가게 될 것이라고 생각하나요?

태 네, 저는 계속 같은 곳에 있기 싫어서 이 일을 시작했습니다. 제 목표는 지금보다 더 나은 상태가 되는 것입니다.

푸 태호서울 하면서 선택에 확신을 느낀 경험이 있나요? '이거 뭔가 될 것 같다' 하고 팍 오는 느낌 같은 것이 온 적이 있었다면 말씀해주세요.

태 없습니다. 계획대로 된 것이 거의 없었어요. 저는 제 브랜드를 시작한 이유도, 홍보 방식도, 제품도 뭐하나 오래전부터 계획해둔 건 없었습니다. 그리고 그게 잘 될지 안 될지는 더더욱 모른 채로 해오고 있습니다. 다만 열심히 꾸준히 하면 잘 될 거라는 강한 믿음이 있습니다.

푸 잘하는 사람들 보면서 좌절감을 느끼기보다는 자극을 얻어야겠다고 말했던 게 기억이 납니다. 저도 그렇고요.

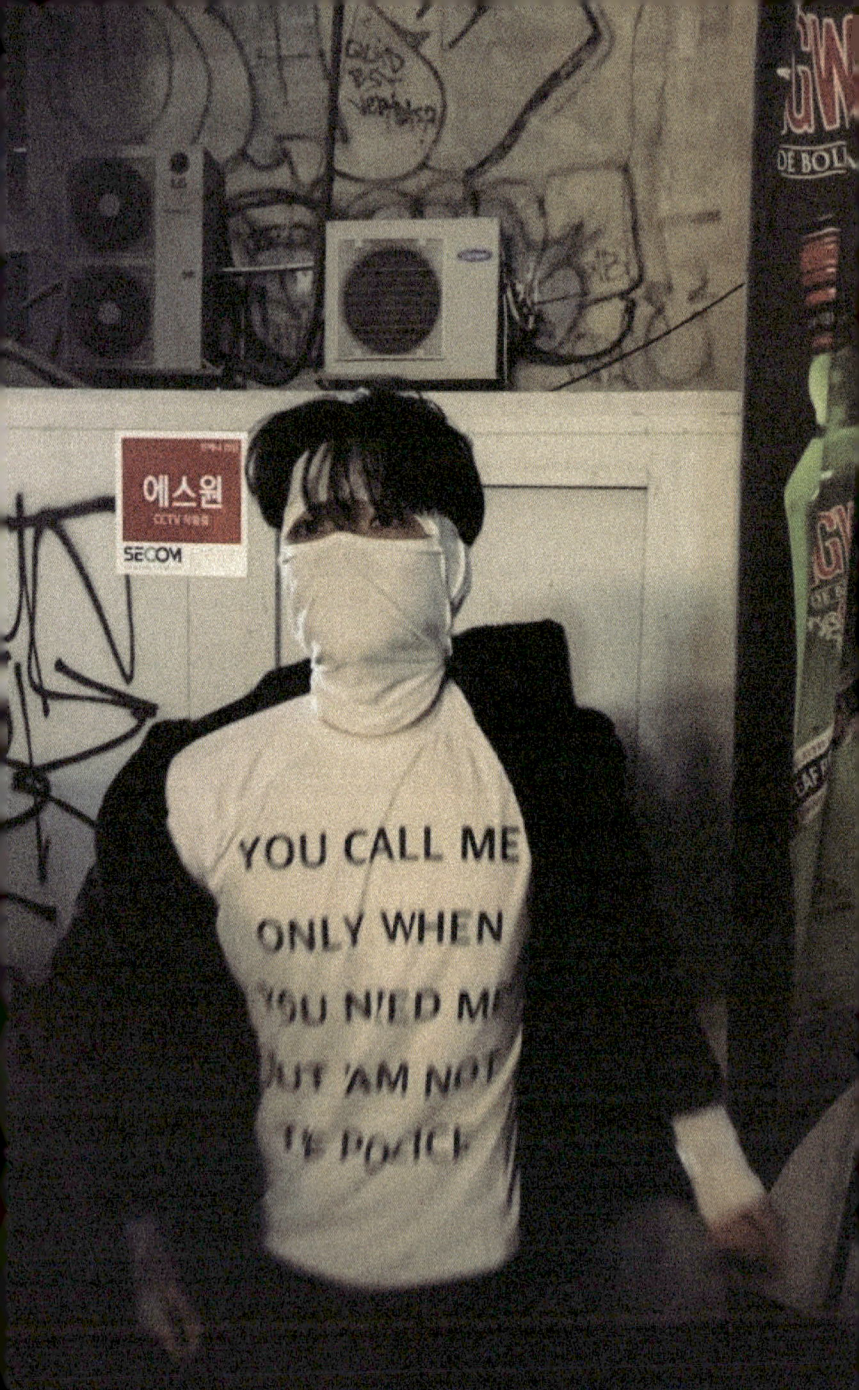

우린
눈만 봐도
알잖아

태호서울에게 좌절감 혹은 자극을 줬던 '잘하는 사람들'은 누구였나요?

태 와, 너무 많은데요. 지금 떠오르는 건 양홍원, 파프(PAF), 꼬마비가 있습니다.

푸 예전 어느 인터뷰에서 "저는 제가 성공할 것이라고 믿기로 선택한 것에 가깝습니다"라고 말하셨는데, 이 생각은 지금도 유효한가요?

태 네, 맞습니다. 아직도 유효합니다.

푸 축구를 즐기시는 걸로 아는데, 축구 포지션은 어디시죠?
플레이 스타일이 궁금합니다.

태 골키퍼 빼면 다 욕 안 먹을 정도로는 할 수 있습니다. 저는
'축구도사' 스타일로 플레이합니다.

푸 저희가 하는 일이 무형의 가치(브랜드)로 유형의
가치(돈)를 만들어내는 일이라고 생각하는데, 지금
태호님이 생각하는 '대가'를 충분히 받고 있다고
생각하시나요?

태 네, 저는 딱 제 가치만큼의 대가를 받고 있다고
생각합니다. 저는 제가 지금 이상의 가치가 있었다면 이미
지금 이상의 가치를 받고 있었을 것이라고 생각합니다.
그래서 그런 부분과 관련한 불만은 없습니다. 더 열심히
해야겠다는 생각뿐입니다.

푸 마지막으로 푸더바와 독자들에게 하고 싶은 말씀 한마디.

태 수십억 인구 중에 취향이 같다는 이유로 서로가 모인다는
건 정말 신기한 일 같습니다. 푸더바도, 저도 결국은
자신만의 콘텐츠로 사람을 모으는 일을 하고 있다고
생각합니다. 이 일을 해나갈 수 있게 계속 관심 가져주시는
여러분께 모두 +1점 드립니다.

#16

대체 불가능한 사람은
대체 어떻게 되는 거람
(上)

(이번 글과 다음 글은 컨셉상 반말이 아닌 존댓말로 지껄여 보겠습니다.)

여러분, 제가 왜 마운틴듀를 10년 동안 마셔댔는지 아십니까? 바로 대체 불가능한 음료이기 때문입니다. 그 어떤 음료수도 이와 비슷한 맛조차 내는 걸 본 적이 없어요.

칠성 사이다 → 스프라이트로 대체 쌉가능
코카콜라 → 펩시로 대체 쌉가능
마운틴듀 → 대체 존나 불가능

제가 푸더바를 운영하며 가장 크게 느끼는 건 '대체 불가능'의 중요성입니다. 약 팔로워 6만 시절 기나긴 정체기가 있었거든요? 어떤 똥꼬쇼를 해도 팔로워가 절대 안 오르고, 계속 감소하는 팔로워수를 보니까 진짜로 미치겠더군요.

그렇게 눈물겨운 하루하루를 보내다 결국 기존의 푸더바의 아이덴티티였던 병맛, B급 감성을 버리고 레거시 미디어스러운 게시물을 올리는 선택을 하고 맙니다. 그리고 이는 곧 최악의 자충수가 되었죠. 아, 물론 조회수가 보장된 콘텐츠만 올리다 보니 조회수는 올랐습니다.
그러나, 이 시점을 계기로 팔로워 감소율은 미친 듯이 폭등했어요. 색깔이 변했기에 기존의 팬들이 떠나갔던 이유도 있지만, 일반 대중의 입장에서 저를 팔로우할 이유가 완전히 사라져버린 것이죠.

여러분 한번 생각을 해보자구요. 보기만 해도 군침이 싹 도는 엽기떡볶이 가게 옆에 갑자기 꺾기떡볶이라는 가게가 아주 유사한 메뉴를 들고 개업했다면 여러분은 어딜 들어가시겠습니까? 저라면 당연히 엽기떡볶이를 들어갑니다. 꺾기떡볶이 사장님에게는 죄송한 말씀이지만, 엽떡은 보장된

맛이 있잖아요? 이처럼 더 많은 자본과 더 많은 정보력, 그리고 더 많은 인지도를 바탕에 두고 있는 선두주자들과 똑같은 콘텐츠로 승부를 봤을 때 승산은 제로에 가깝습니다.
이건 마치 맥그리거 vs. 87세 김옥춘 할머니 간의 싸움이랑 별반 다를 게 없어요.

인스타 세계를 예로 들면 '아이즈 매거진'이 이 경우에 속하겠군요. 저는 멍청하게도 제2의 아이즈 매거진이 되려고 했던 것입니다. 이 사실을 깨닫고는 곧바로 제가 잘하는 것, 저만 할 수 있는 것에 집중했습니다. 예전처럼 찰진 드립과 B급 감성을 곁들인 짤들을 대거 사용하고, 인스타에서는 보기 힘든 마이너 장르를 소재로 삼았더니 다행히도 팔로워수를 복구할 수 있었습니다. 지금까지도 팔로워수는 꾸준히 상승하고 있는 추세이구요.

애석한 말일지도 모르겠지만, 자본주의 사회에서 대부분의 경우 인간은 부품처럼 취급됩니다. 효율이 떨어지면 다른 사람으로 갈아치우면 그만. 심지어 요즘은 챗지피티라는 험한 것이 나와 로봇 주제에 우리 일자리를 위협하는 시대죠.

21세기 러다이트 운동 ☞ 이라도 하지 않는 이상 이러한 현상을 막을 방도는 없어요. 그렇기에 우리는 더욱이 대체 불가능이라는 개념에 집중해야 합니다.

대체 불가능한 사람이 된다는 것은 정말 개좋습니다. 무엇이 좋냐고요? 억지로 웃지 않아도 돼요. 여러분, 칸예 웨스트가 억지로 웃는 거 보셨나요. 어떤 깽판을 쳐도 사람들은 칸예 웨스트에게 열광합니다. 그 누구도 대체할 수 없는 세계 유일의 사람이기 때문이죠. 과하게 말하자면 99개의 하자가 있더라도 1개의 대체 불가능한 능력이 있으면 살아남는 것이 지금의 시대입니다.

간혹 저에게 이런 DM이 오곤 합니다.

"푸더바님 게시물 같은 느낌으로 만들어도 될까요?"

이 경우 저는 흔쾌히 허락해줍니다. 제가 착한 사람이라서일까요? 장담하는데 그건 절대 아닙니다. 일단 제가 오리지널리티를 주장할 만큼 디자인 퀄리티가 높지

☞ 19세기 초 영국에서 일어난 기계 파괴 운동.

못하고요, 그리고 어차피 제가 더 재밌기 때문입니다.
창작에는 어느 정도 고통이 동반되어야 합니다. 여기서 제가 말하는 고통은 남들과 다르기 위한 고통입니다. 저 또한 세계 유일의 사람이 되기 위해서 계속해서 저만의 것을 발전시키는 노력을 하고 있습니다.

그런데 이런 뼈를 깎는 노력 없이 느낌만 복붙해서는 결코 사람들의 호응을 얻을 수 없겠죠. 그래서 저는 누가 제 게시물을 도용하거나 아이디어를 출처 없이 가져가도 크게 화내지 않습니다. 자신만의 대체 불가능한 개성 없이 도용한 콘텐츠의 생명력이 얼마나 짧고 얕은지 알고 있기 때문이죠.

#17

대체 불가능한 사람은 대체 어떻게 되는 거람 (下)

"대체 불가능한 사람이 되셈."
"그게 뭔데?"
"대체 불가능한 사람이 되라고."
"그니까 그거 어떻게 하는 건데?"

대체 불가능의 중요성만 질릴 때까지 읊어놓고, 그래서 어떻게
하는 건지는 말 안 했죠? 손에 들고 계시는 죽창을 잠시만
내려놓으시고 제 얘기를 들어주십쇼. 제가 인스타를 하며
깨달았던 대체 불가능한 사람이 되는 모든 방법들을 여러분께

전수해드리겠습니다. 장담컨대 인스타뿐만 아니라 창의성이 요구되는 모든 직종에 효과적으로 적용되는 개사기 스킬이 될 것입니다.

제가 주장하는 스킬은 바로 이겁니다.

'찐텐으로 살기.'

"왜 찐텐으로 살아야 되는지 아냐? 그게 제일 재밌어."

래퍼 이센스가 한 말입니다. 진실되지 않은 삶, 그것만큼 재미없는 인생이 어딨을까요? 정확히는 즐길 여유가 없어지는 것이겠죠. 나의 능력 이상의 것들로 포장된 자신의 모습이 들킬까 봐 두려워 초조한 삶. 가짜로 살면서 무언가를 경험하고 자신을 발전시킬 수 있는 확률은 전무합니다. 반면, 자신에게 솔직해지면 놀라운 경험을 하게 됩니다.

사실대로 말하자면, 저는 제가 좀 멋진 사람인 줄 알았습니다. 그런데 시발 저는 결코 잘난 사람이 아니더군요. 오히려 그

정반대에 가까웠습니다. 디시인사이드에 천박한 드립이나 올려 대며 배꼽 잡고 웃고, 좋아하는 여자애 팬티 훔치다가 들키는 만화나 좋아하는 음침한 변태에다가, 길거리에 블랙핑크 노래 같은 히트곡이 들리면 일단 깔고 보는 허영심에 찌든 인간이었죠.

제가 이런 결함 많은 등신이라는 걸 깨닫고 나니 충격이었습니다. 하지만 여러분, 본인이 등신이란 걸 인정하는 순간부터 인생은 재밌어집니다. 나를 알게 되니 내가 할 수 있는 것, 그러니까 나만의 것을 만들 수 있게 되는 것이죠. 그리고 이것은 곧 대체 불가능한 사람이 되는 방법이 되기도 합니다.

여기서 주의할 점은 내가 무슨 사람인지 알기 위해선 단순한 성찰로는 턱없이 부족하다는 것입니다. 저 같은 경우 밤마다 연락 오는 찌질한 전남친 깎아내리듯이

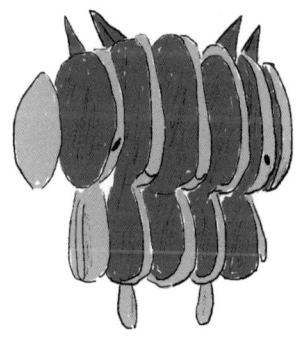

저를 철저하게 분해했는데요. 정말 잔인하리만큼 제 속에 있는 찌질한, 우울한, 천박한 쓰레기를 알기 위해 애를 썼습니다. '나는 누구인가?'에 대한 대답을 얻으려는 저의 고육지책이었죠. 이렇게 하지 않고선 절대 '내 것'을 만들 수 없어요. 내가 무엇을 하는 사람인지도 모르는데 어떻게 내 것을 만듭니까. 홍철 없는 홍철팀도 아니고.

자신을 분해했다면, 이제 나의 장점과 단점을 정확히 파악했다는 뜻이 될 텐데요. 저는 단점을 보완하기보다는 장점을 더 뾰족하게 만드는 게 대체 불가능한 사람에 더 빨리 가까워지는 법이라고 생각합니다.

축구선수 필리포 인자기를 아십니까? 이 사람 축구하는 거 보면 '내가 해도 저거보다는 잘하겠는데?' 싶은 순간들이 간혹 나오곤 합니다. 그 정도로 스피드, 피지컬, 개인기, 헤딩, 슈팅 등 어느 하나 뛰어난 것 없는 선수인데요. 그럼에도 불구하고 그를 기용해야만 하는 한 가지 이유가 있습니다. 바로 '위치 선정'이라는 엄청난 능력 때문입니다. "핵폭탄이 떨어져도 인자기 옆에 있으면 산다"라는 말이 있을 정도로 그의 위치 선정 능력은 타의 추종을 불허하는데요. 공이 어디로 갈지 귀신같이 예측해 골을 집어넣는 그를 보고 있으면 절로 감탄이 나오곤 하죠.

이런 뾰족한 장점 하나만으로도 우리는 대체 불가능한 사람이 될 수 있습니다. 인자기의 위치 선정 스킬은 인자기만 가지고 있는 고유의 능력입니다. 저의 경우는 어떨까요. 제가 앞서 디시인사이드에 천박한 드립이나 올리면서 깔깔 웃는 인간이라고 했죠? 그런 천박한 드립들을 그대로 제 인스타 콘텐츠 만드는 데 적용했더니 그 반응은 가히 폭발적이었습니다.

저의 음침한 취향은 또 어떤가요. 피폐하고 선정적인 작품을 큐레이션 하는 콘텐츠를 올리는 데에 아주 큰 도움이 되었지요. 메이저한 것들을 피하는 습성 또한 힙스터를 위한 큐레이션 채널이라는 제 아이덴티티를 형성하는 데 가장 중요한 역할을 했습니다.

창작의 세계에서 대체 불가능한 존재가 된다는 것은 사실

생각보다 단순합니다. 제 말이 다단계 사기꾼처럼 들리겠지만, 제가 경험해본 바에 따르면 진짜 그렇습니다. 그저 스스로를 직시하고, 나는 무엇을 존나 못하고 그 대신 무엇을 개잘하는지 파악하고, 그것을 콘텐츠 창작에 적용하는 과정. 이것이 결국 아무도 흉내 내지 못하는 '내 것'을 만드는 과정이죠. **반가운 소식은, 이런 끝없는 자아 성찰과 내면을 탐색하는 일이야말로 이 책을 보고 있을 바로 여러분이 가장 잘하는 일일 확률이 아주 높다는 것입니다. 안 그런가요? 저는 그랬거든요.**

Pushing The Boundary

#18

오대수는 말이 너무 많아요

"오대수는요. 말이 너무 많아요."

영화 <올드보이>의 주인공 오대수를 향해 이우진이 던진 대사다. 근데 이건 오대수뿐만 아니라 나와 당신 모두에게 해당하는 말이다.

말이 많은 건 하등의 쓸모가 없더라. 경험상 오히려 단점이 더 많았다. 일단 시끄럽고, 정신없고, 가벼워 보인다. 반면, 말을 좀 줄이면 사람이 매력적으로 보인다. 과팅이며 술자리며 가리지 않고 나갔던 스무 살, 그곳에는 입을

수도 없이 털어대는 광대 포지션이 하나씩은 꼭 있었다. 그런데 이상하게도 이런 분위기 메이커들은 그 노력에 비해 이상하리만치 이성에게 인기가 없었다.

==항상 여자들에게 관심을 받는 건 과묵하게 있다가 몇 마디 툭툭 던지는 얄미운 놈들. 어찌 보면 당연한 결과다. 덜어냄이 주는 신비감은 어떤 시대에서나 잘 먹히는 전략이었으니까.== 문예창작과 입시 시절 최애 시인이었던 황인찬은 이 덜어냄의 미학을 잘 활용한다. 최소한의 단어로 독자의 상상력을 자극하는 황인찬 시에 나도 푹 빠졌던 적이 있다.

과도한 정제로 얻을 수 있는 건 신비로움이다. 신비감은 사람들로 하여금 호기심을 불러일으키고 그 존재에 대한 사고의 지평을 열어준다. 백날 천날 내가 어떻고 저떻고 떠들어대는 것보단 필요한 말만 툭 던지는 게 상대로 하여금 더 많은 생각을 하도록 유도할 수 있다. 연재된 지 30년이 다 되어가는데 아직도 원피스의 정체에 대해 갑론을박을 펼치는 것만 봐도 이 신비주의가 얼마나 효과적인 마케팅인지 알 수 있다.

콘텐츠 크리에이터나 인플루언서에게도 덜어냄의 미학은 똑같이 적용되는 것 같다. 푸더바가 점점 인지도가 생기자 사람들은 그만큼 내 '본체'에 대해 궁금해했다. 소위 말해 얼공을 원했지만, 나는 웬만하면 얼굴을 드러내지 않았다. 못생겨서 아니냐고? 와... 너 정말 **핵심을 찔렀어** 물론 이것도 맞지만, 더 큰 이유가 있다. 앞서 말한 신비주의의 중요성을 알기 때문이다.

실제로 팝업을 열었을 때, 사람들은 호기심 어린 눈으로 나를 쳐다봤다. '얘가 걔가...?' 싶은 표정으로 나를 훑어보던 게 생각이 난다. 예상보다 정상적으로 생겨서 놀랐다, 문신에 피어싱에 장발일 줄 알았다, 여자일 줄 알고 왔는데 이게 뭐냐... 이런 반응이 줄을 이었다. 도대체 내가 어떻게 생겼는지 궁금해서 와봤다는 사람이 꽤 있었던 거다.

만나는 인플루언서나 기획자분들도 내게 얼굴이 너무 궁금했다는 말을 많이 한다. 생각보다 정상적으로 생겨서 놀랐다는 말도 덧붙인다. 전신 타투는 기본이고 코 피어싱도 하고 있을 줄 알았다고. 그것이 부정적인 호기심이든,

213

긍정적인 호기심이든, 아무튼 이런 반응을 보인다는 건 사람들이 나에 대한 큰 관심을 갖고 있다는 뜻이고, 내가 앞으로 어떤 프로젝트를 새롭게 벌이든 최소한 이 정도의 관심도를 끌어낼 수 있다는 뜻일 것이다. 물론 이 모든 건 내가 꾸준히 신비주의를 유지한 덕분일 테고. 다음에 뱉을 말이 하나도 궁금하지 않은 사람과, 어떤 말을 할지 모두의 귀추가 주목되는 사람의 '존재감'은 분명 다르지 않을까? 말하자면 신비감은 존재감과 정비례한다고 할 수 있다.

사람들이 나를 보라색 악마로 인식한 지는 꽤 오래됐다. 프사로 할 게 없어서 임시 프사로 '아이폰 악마 이모지'를 해놨던 게 어느새 푸더바의 캐릭터로 굳어진 것이다. 나는 이 현상이 꽤 마음에 든다. 수많은 사람이 브랜딩을 위해 애를 쓰는데 나는 자연스럽게 성공한 거니까.

푸더바는 귀여운 보라색 악마여야 한다. 사람들은 다리털 잔뜩 난 남정네를 원하지 않는다. 빨간약이 들키지 않게 조심조심하면서 공개석상에서나 한 번씩 얼굴 비추면서 살아야지. 이것이 내가 아이돌도 아니면서 신비주의를 고집하는 이유다. 그리고 얼굴 깠다가 논란 터지면 골치다.

힙스터들의
성지를 찾아서

Name   도답타, 도리무란도
Category   공간 > 오타쿠 스토어

공간의 힘

장소가 주는 힘은 생각보다 강력하다. 홍상수 감독의 <강원도의 힘>과 김승옥 작가의 『무진기행』에서도 장소가 주는 힘을 강조한다. 수많은 거장들이 장소에 집착하는 데는 그만한 이유가 있다. 환경은 사람을 바꾼다. 절에 가면 저절로 경건해지고, 놀이공원에선 괜스레 흥분된다. **그리고, 힙스터들이 사랑하는 공간에선 나 또한 힙해지는 느낌을 받는다.** 그리하여 이번 에피소드에서는 힙스터들이 사랑하는, 힙스터의 성지라고 불리는 공간들인 도답타, 도리무란도를 운영 중인 사장님들의 인터뷰를 준비했다.

도답타

서울 중구 충무로 52-2 2층, 3층

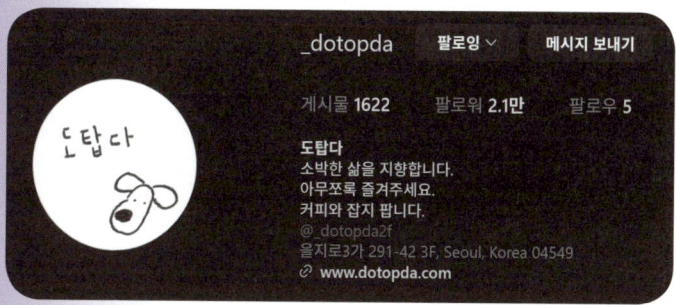

Q. 도답타를 만들게 된 계기나 과정이 궁금해요!

'나와 같은 취미를 가진 사람이 있을까?'라는 물음에서 시작했어요. 국내에서는 아직 이 문화가 낯설고, 시장이라고 부르기 어려울 만큼 조용한 취향이지만, 분명 어딘가에는 같은 취향을 가진 분들이 있을 것이라고 생각했습니다. 그리고 이 멋지고 재미있는 잡지들을 더 많은 분들에게 소개하고 싶었죠. 처음에는 그저 잡지를 판매하는 스토어로 시작하려 했지만, 잡지들을 직접 체험해보는 공간이었으면 좋겠다는 생각에 잡지를 읽으며 머무를 수 있는 북카페 형태로 자리를 잡게 되었습니다.

> **Q. 도답타라는 장소가 가지고 있는 특징은 무엇일까요?**

보기 힘든 옛날 잡지를 직접 읽을 수 있고 현장에서 바로 구매까지 할 수 있다는 특징이 있습니다.

> **Q. 개인적으로 을지로를 대표하는 공간이라고 생각하는데요, 사람들에게 뜨거운 반응을 얻게 된 소감이 궁금합니다.**

사실 실감은 안 나요. 내가 좋아하는 것을 나누고 싶다는 마음 하나로 문을 열었는데, 많은 분이 공감해 주시고 찾아주셔서 항상 감사한 마음뿐입니다.

> **Q. 실제 공간에는 사장님의 내공이 보이는 빈티지 컬렉션들이 돋보입니다. 이런 장르에 관심을 갖게 된 계기가 어떻게 되시나요?**

어릴 적부터 낡은 것을 수집하는 것에 재미를 느꼈어요. 반짝이는 새것보다는 시간의 흔적이 남고 손때가 묻은 물건들에 더 애착이 갔던 것 같아요. 그러다 남들이 많이 수집하지 않는, 그래서 경쟁이 심하지 않는 분야를 찾게 되었고 그게 옛날 잡지였죠. 처음엔 1970~1980년대 《뽀빠이》를 수집하다 점점 그 범위가 넓어지게 된 것 같아요.

Q. 사장님의 컬렉션 중 가장 자랑스럽게 생각하는 아이템은 무엇인가요?

딱히 자랑스럽게 생각하는 건 없어요. 제가 컬렉팅한 모든 아이템을 매장에 가져다 놓고 판매하고 있습니다.

Q. 마지막으로 푸더바 팔로워들에게 한마디 부탁해요.

사랑합니당!

도리무란도

서울 마포구 와우산로 29길 51 지하 1층

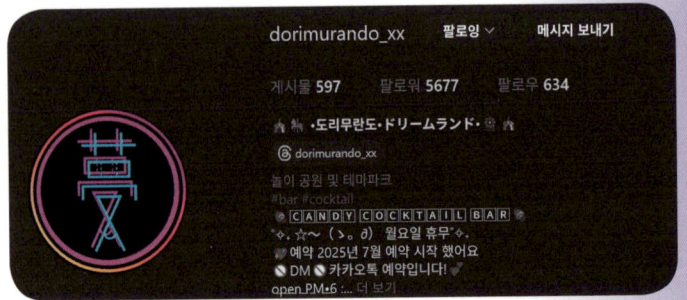

Q. 일명 '오타쿠들의 성지'로 화제가 되고 있는데, 심정이 어떠신가요?

여사장
남사장
사실 5년 전에 개업할 때까지만 해도 그렇게까지 불릴 줄은 몰랐어요. 저희는 그저 작은 공간에 좋아하는 것들을 진심으로 담아낸 곳이었는데, 그 진심이 손님들에게 통했나 봐요. 덕후들이 편하게 머물 수 있는, '숨을 쉴 수 있는 곳'이 되고 싶었거든요. '성지'라고 해주시니 감사하고, 부담도 되지만 더 열심히 해야겠다는 생각이 들어요.

Q. 대중을 타깃으로 한 공간은 아니라고 생각하는데, 도리무란도를 기획하실 때 두려움은 없으셨나요?

여·남   솔직히 두려움이 많았어요. 도리무란도는 코로나 시기, 그리고 '노 재팬' 분위기가 강하던 때에 오픈했거든요. 게다가 지금처럼 애니메이션이 주류 문화로 인정받기 전이라 대중적인 호응을 기대하긴 어려운 상황이었죠. 그럼에도 불구하고, 해마다 자신이 좋아하는 걸 숨기지 않고 드러내는 사람들이 조금씩 늘어나는 걸 보면서 '이제는 괜찮지 않을까?' 하는 희망을 가졌어요. 오히려 좁고 깊은 취향을 가진 사람들이 모일 수 있는 공간이 필요하다고 느꼈고, 그게 도리무란도의 출발점이었어요.

Q. 도리무란도를 만들게 된 계기나 과정이 궁금해요!

여·남   저희는 애니메이션이나 게임 같은 서브컬처를 정말 사랑해왔어요. 그런데 어른이 되고 나니 그런 취향을 마음껏 드러낼 수 있는 공간이 거의 없더라고요. 그래서 '그럼 우리가 그런 공간을 직접 만들어보자'는 마음으로 도리무란도를 시작하게 됐어요. 그 시작은 12년 전, 집을 도리무란도처럼 꾸며 놓고 매일 사람들을 초대해 술을 만들어주던 데서 비롯됐죠. 집으로 사람들을 불러 저희가 직접 술을 말아주고, 덕질 얘기를 밤새 나누던 게 시작이었어요. (웃음) 어쩌면 그때부터 이미 '작은 도리무란도'가 우리 안에서 자라고 있었던 것 같아요. 바라는 게 있다면, 이 공간이 누군가에게 인생 첫 '성지순례지'로 기억되면 참 행복할 것 같아요.

Q. 실제 공간에는 사장님의 덕력이 보이는 아이템들이 돋보입니다. 이런 내공을 쌓게 된 계기, 즉 서브컬처 문화에 빠지게 된 계기가 궁금합니다.

남　어릴 때부터 게임이랑 애니메이션을 정말 좋아했어요. VHS로 애니메이션을 녹화해서 돌려보던 세대죠. (웃음) 학창 시절엔 자연스럽게 피규어나 굿즈, 동인 문화에 관심이 생겼고요. 그러다 오덕페이트 라고 오타쿠 사이에서 유명했던 친구와 친해지면서 피규어 세계에 본격 입문하게 됐어요. 그 친구 덕분에 저도 어느새 방 한가득 덕질의 결실을 모으고 있더라고요.

여　그리고 일본에서 취업하고 살게 되면서, 숨 쉬는 시간 빼고는 거의 피규어나 굿즈를 사러 다녔던 것 같아요. **그러다 문득, '아, 이건 그냥 취미가 아니라 우리 정체성이구나' 하는 생각이 들었죠. 그래서 마음먹었어요. '사고 싶은 건 고민 말고 사고, 그걸로 우리의 작은 역사를 만들자.'** 지금도 그 마음 그대로, 좋아하는 걸 계속 즐기면서 모으고 있어요. 덕질은 잠깐이 아니라 평생 가는 거니까요!

Q. 도리무란도에서 이것만큼은 꼭 먹어봐야 한다는 칵테일이나 음식은?

☞ <화성인 바이러스>에 출연까지 했던 전국구 오타쿠. 애니메이션 캐릭터 페이트를 특히 좋아해 오덕페이트라는 닉네임을 사용한다.

남　저희는 매 시즌마다 새로운 '2차 창작 칵테일'을 기획해요. 애니메이션, 게임, 영화 같은 작품들에서 영감을 받아서, 좋아하는 캐릭터나 세계관을 진짜 마시는(!) 느낌이 들 수 있도록 만들죠. 요즘 특히 반응이 좋은 건 '동방 프로젝트' 칵테일이에요. 좋아하시는 분들은 한 입 마시고 눈빛이 변해요.

여　안주는요, 어디서도 본 적 없는 저희만의 시그니처! '후와후와 소세지 바게토빵'이랑 '무화과 버터 크래커'예요. 이름은 약간 장난 같지만 맛은 진지해요. 젊은 손님들이 많이 오시다 보니, 배도 든든하게 채우시길 바라는 마음에 양도 푸짐하게 드려요. "술 마시러 왔다가 식사하고 간다"는 말도 종종 들어요.

Q. 사장님의 컬렉션 중 가장 자랑스럽게 생각하는 아이템은 무엇인가요?

여　하나만 꼽기는 정말 어렵지만… 그래도 2개 정도 고르자면, 전 세계 2000개 한정판 『20세기 소년』

핫토이 피규어(2009년 출시)와, 마츠모토 타이요의
2006년 작 『철콘 근크리트』 시로 & 쿠로 관절 피규어
세트예요. 둘 다 당시엔 정말 큰맘 먹고 산 거라,
제게는 추억도, 의미도... 그리고 가격도 꽤 묵직한
아이템들이에요. 손님들이 "이게 여기 있네?" 하면서
눈을 반짝일 때마다 괜히 뿌듯해져요. 덕질은 나눌 때 더
빛나는 것 같아요.

남 덕질 인생에서 하나만 고르라면 정말 어렵지만... 굳이
꼽자면, 2004년 베니스 비엔날레 일본관 'OTAKU'
전시의 공식 카탈로그와 함께 구성된 오오사마 유키
작가의 신요코하마 아리나 피규어예요. 아키하바라 전철
위에 소녀가 걸터앉은 피규어인데, 사이즈는 5~6cm
정도로 아담하지만 존재감은 어마어마해요. 단순한
귀여운 미소녀 피규어가 아니라, 당시 오타쿠 문화가 도시
공간과 어떻게 얽혀 있었는지를 상징적으로 보여주는
피규어라 좋아합니다. 그리고 또 하나는 2014년
메디콤토이에서 발매된 소울이터 마카 알반 피규어예요.
지금은 중고 시장에서도 거의 보이지 않는 피규어라,

229

소장만으로도 왠지 기분이 좋습니다.

Q. 가장 기억에 남는 손님은 누가 있었나요?

여·남   사실 5년 가까이 함께해 주신 단골손님들이나, 처음으로 용기 내어 찾아와주신 분들 모두가 기억에 깊이 남아 있어요. 즉석에서 팬아트를 그려주시며 즐거워하시던 분들, 깊은 이야기를 나누다 밤이 훌쩍 지나간 손님들, 심지어 함께 따로 술자리를 가진 인연들도 많았죠. 도리무란도에 손님으로 오셨다가 어느새 저희와 찐친이 된 분들도 있고, 아무래도 역시 지금 함께 일하고 있는 직원분들도 있겠죠. 모두 도리무란도 '단골'에서 시작된 인연들이에요. 그래서 이 질문을 듣는 순간, 정말 감회가 새로웠어요. 매번 찾아주시고, 아껴주시고, 이 공간을 함께 채워주시는 모든 분께 마음 깊이 감사드려요. 도리무란도는 여러분 덕분에 존재할 수 있습니다.

Q. 마지막으로 푸더바 팔로워들에게 한마디

부탁해요.

여·남 저희 공간은 '애니, 게임, 만화, 음악, 인간, 3D, 2D, 동물, 게임 등 덕질하는 마음'을 존중하는 사람이라면 누구든 환영이에요. **'오타쿠'란 단지 서브컬처를 좋아하는 것뿐만 아니라, 이 사회에서 스스로 확립한 시선으로 살아가고, 자신의 생각으로 "난 이것이 좋아!"라고 말할 수 있는 사람이기도 하잖아요.** 이곳에 처음 올 땐 어색해도, 두 번째부턴 친구처럼 느껴지는 그런 공간을 만들고 싶어요. 언제든 도리무란도로 오세요.

夢
ドリームランド

51

© VISLA/정지원

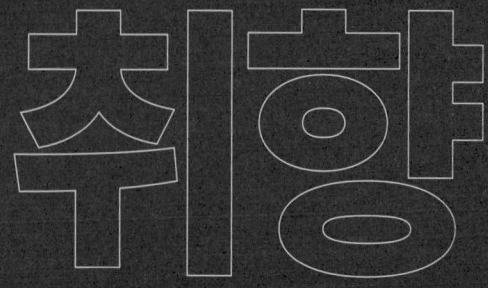

PART 4

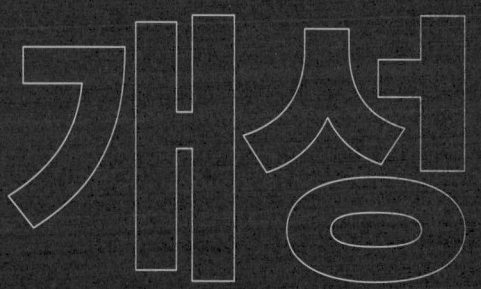

도전

월세도 안 밀리고
꼬박꼬박 잘 내고 있는
내가 문득 자랑스럽다

성공

#19

우리는 속옷도 생겼고
여자도 늘었다네

나는 질투가 많다. 이 일을 하면서 알게 된 사실이다. 그렇다고 누가 잘나간다고 막 손톱 오독오독 깨물면서 어쩔 줄 몰라 하는 미친 인간은 아니고... 가령 스토리에 조선호텔 애플망고빙수 먹은 사진을 올린다든가, 카톡 프사를 포르쉐 파나메라 차키로 해둔다든가 하는 것에는 일절 질투심이 느껴지지 않는다. 그냥 허탈할 뿐이다.

반면, 나와 함께 인스타 채널을 시작했던 동기들이 무럭무럭 성장하는 모습을 보면? 치가 떨린다. 친구가 잘못되면 눈물이

흐르지만, 잘된다면 피눈물이 흐른다고 했던가. 나는 피눈물을 16리터쯤은 흘렸다. 하여, 이 질투심을 동기 삼아 그 어느 때보다 인스타그램을 열심히 하던 시기가 있다. 인스타그램에 하루 동안 릴스 3개, 게시물 1개씩 올라오던 시절. 2008 시즌 박지성 뺨치는 활동량을 보여줬던 때다.

남보다 뒤지지 않기 위한 고육지책을 펼치다가 어느 날 거울을 봤는데 웬 생판 처음 보는 생거지가 우두커니 서 있었다. 짙어진 다크서클, 정리 안 된 머리와 지저분한 피부, 그리고 피부병이 나 온통 붉은 점이 여기저기 난 몸. 말 그대로 걸인 그 자체였다.

==저 사람보다 잘해야 돼', '빨리 따라잡아야 해'라는 강박이 생긴 뒤로, 인스타그램은 더 이상 내가 순수하게 좋아하는 작품을 올리는 공간이 아니게 되어버렸다.== 그저 오늘 올린 게시물의 반응이 좋으면 하루 종일 기분이 좋고, 아니라면 하루 종일 우울한 도파민의 카지노처럼 느껴졌다. 늘어난 게시물 양에 비해 마음의 여유는 줄어갔다.

링롱댕이 팔로워 10만 명을 찍었을 때, 밴드붐은온다가 컴필레이션 앨범을 냈을 때, 마땅히 축하해줄 일이지만 그렇게 하지 못했다. 기뻐해 주지는 못하더라도 질투하지는 말아야 하는 거 아닌가? 부끄러웠다.

　　야, 내가 많이 변했냐.

아는 사람은 알겠지만, 이센스의 「비행」에 나오는 가사다. 유튜브 댓글이 참 인상적이어서 그 댓글 보려고도 많이 찾는다.

　　갑자기 이센스 노래가 존나 듣고 싶을 땐 항상 좀 힘든 시기이고, 그때마다 이센스의 래핑은 날 실망시키지 않는다.

좋은 곡에 좋은 댓글. 6년 전에는 낭만이 조금은 살아 있었나 보다. 하지만 그때의 나는 극심한 '낭만 실조'☞ 상태였다. "황홀을 먹고 싶었다"는 시를 보며 '황홀 말고 황올 먹고 싶다'는 생각밖에 안 들었던, 아주 그냥 미친놈이었다. 한번은 인스타에서 바밍타이거 신곡인 「UP!」 뮤비를 해석해주는

☞ 이 표현은 이훤의 시 「낭만 실조」에서 따온 것이다.

콘텐츠를 보고 충격을 받았다. 왜냐하면 나 또한 저 뮤비를 본 적이 있었는데, 그걸 보면서 나는 무슨 생각을 했냐면,

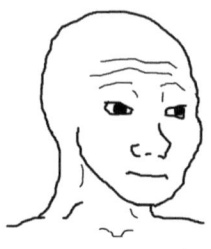

'오.... 구교환 나오네...'

'오, 섭외력 지리네. 얼마 썼을까...'

이딴 생각이나 하고 있었다. 내가 언제부터 이랬지? 창작자가

이걸 만들면서 어떤 생각을 했을지, 어떤 레퍼런스를 참고했고 그걸 어떻게 해석했는지, 나아가 나라면 어떻게 만들었을지… 이런 나만의 해석을 내놓던 게 나 아니었나? 언제 이렇게 속물적인 사람이 되었을까 현타가 와서 그만 눈물을 흘려버리고 말았다. 심지어 바밍타이거는 '좋아하는 가수 TOP 10' 안에 든다.

비슷한 시기 유학에 간 여자친구가 내게 이별을 고했다. 이렇게 힘든 나를 버릴 거냐는 찌질하고도 간악한 주장을 펼쳤지만, 그녀의 대답은 '할 만큼 했다'였다. '너한테는 너가 없다'라는 말도 덧붙였다.

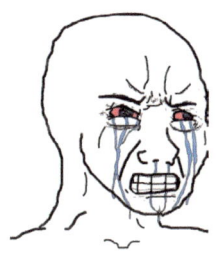

처음에는 그 말을 이해하지 못했다. 그러나 학교가

개학하면서부터 점차 그 말을 깨달을
수 있었다. 수업을 듣고, 친구를
만나고, 운동을 하는 지극히
정상적인 삶만으로 내 마음의
고질병 같았던 질투가 눈 녹듯
빠르게 사라진 것이다.
미시마 유키오가 우울증은 매일 라디오
체조☞만 해도 낫는 병이라고 했던 이유가 이런
건가.

내 본업은 푸더바를 운영하는 것이라고 생각했지만, 그 이전에
모든 것의 기초가 되는 인간의 삶은 정작 신경 쓰지 못했다.
그것이 튼튼해야만 그 나머지 것들을 지탱할 수 있다는
사실을 몰랐다. 태어난 이래로 유일하게 겪어본 소득이랄 게
푸더바밖에 없었던 까닭에 더 광적으로 집착했던 것도 같다.
그렇다면, 내 인생에서 푸더바가 사라지면 나는 무엇일까.
여자친구가 내게 했던 '너한테는 너가 없다'는 말의 의미를
이제야 알았다. 이제는 질투도 많이 줄었다. 오히려 '와, 저런
생각을 하다니, 나도 해봐야겠다'가 일상이었던 초심으로

☞ 일본 국민의 건강을 증진시키기 위해 정부가 미국에서
도입한 체조로, 1928년 8월 1일 처음으로 전 국민을
대상으로 시행됐다.

돌아가 배우려고 노력 중이다.

#20

아, 성공 언제하지...
일단 과제부터 하자

"아, 성공 언제하지."

헛바람이 제대로 들었다. 부자 인간들이 나를 여기저기 불러준 게 화근이었다. 옛날 같았으면 멀리서 쳐다만 봤을 사람들이 내게 악수도 청하고, 술도 따라준다. 갈 수 없었던 곳을 가고, 만날 수 없었던 사람을 만나는 이 진귀한 경험을 놓치고 싶지 않았다. 옛날처럼 뷔페 그릇 치우고, 릴스 보면서 깔깔거렸던 나로 돌아가긴 싫었다. 조급해지고 만 것이다.

'내가 여기 왜 있지…'

초대 받은 어느 자리를 가든 가장 먼저 드는 생각이다. 한번은 파티를 초대 받아 팔자에도 없는 클럽에 갔던 적이 있다. 동공지진을 절로 일으키는 복장을 입은 눈나들과 문신 + 탈색 조합으로 저절로 눈을 깔게 되는 남자들이 가득한 풍경에 들어가자마자 혼절할 뻔했다. 솔직히 말하면 울고 싶었다. 집에 진짜 가고 싶었다. 그래도 어울려 보려고 잠시라도 리듬 타는 척 신나는 척 해봤는데 엄청난 현타가 몰려와 금방 그만두고 구석탱이에 가서 폰만 만지작거렸다. 인생에서 손꼽히는 우울한 경험이었다.

또 한번은 어느 워크숍에 초대를 받아 갔는데 양복이나 옥스포드 셔츠 입은 사람들이 영어로 대화 나누는 걸 보고 또 울고 싶었다. 나는 거기에 아디다스 저지 입고 갔다. 능숙한 자세로 명함을 나눠주는 사람들 사이에서 스마트폰으로 꼼지락꼼지락 인스타 켜서 보여줬다. "저는 이런 걸 운영…" 그분들의 영혼 없는 "와~ 신기해요"가 아직도 기억이 난다.

그런 곳들에 한번 갔다 오면 진이 빠진 채로 침대에 엎어져 그날 있었던 일을 반추해본다. 억척스러웠던 말과 행동 하나하나를 되새김질해보면 볼이 다 화끈거린다. '다음은 다르겠지'라는 기대감에 불러주는 데를 또 가고, 또다시 현타만 느낀 채 집에 오는 악순환.

천재노창(현 그냥노창)처럼 「억지로웃지않ㄹ위치ㄹ」에 올라서고 싶다. 돈이 엄청 많거나, 누구도 깔 수 없는 미적 감각을 가졌다면 좀 더 당당해질 수 있을 텐데. ==내가 부러워하는 사람들은 모두 내세울 게 하나쯤은 있는 사람들이다. 나는 언제쯤 그들처럼 될 수 있을까. 내게 성공이란 그들처럼 살 수 있는 걸 의미했다.==

인정한다. 그들이 그 위치에 올라간 건 그만한 노력이 동반되었다는 것쯤은 나도 잘 안다. 한순간에 그 자리까지 날먹으로 올라가고 싶다는 건 그들에게 크나큰 실례겠지. 그렇다고 조급하게 미래만 바라보다 하루를 충실히 살지 못하면 나만 손해일 테고. 히지만 인스타 스토리에 누가 누구를 만나고, 어디를 갔고, 어떤 걸 했다는 게 올라오면 신경이 쓰일

수밖에 없다. 사람이라면 그런 거 아닌가? '비교는 어제의 나랑만'이 가당키나 한 소린가? 불가능하다고 생각한다. 내가 그런 그릇도 안 되고.

인스타는 성공이라는 작품들이 전시되어 있는 미술관이다. 이곳에 불행한 사람은 없다. "나 이만큼 불행해요~ 우헤헤헤" 하는 놈이 어딨겠는가. (극소수로 있긴 합니다.) 인스타를 적극적으로 사용하는 건 소위 말해 '잘나가는 사람'이고,

그들을 보는 건 딱히 정신건강에 좋지 않더라. '잘나가는 사람'은 곧 '못나가는 나'를 비추는 거울이니까.

한번은 매거진 계정을 운영하는 어느 동료가 유튜브 영상에 나와 자신의 성공담을 푸는 인터뷰를 하는 걸 봤다. 그걸 가만히 보고 있다가 시간을 봤는데 밤 11시 58분이었다. 그런데 대학교 과제 제출은 12시 자정까지였다. 육성으로 "아, 좆됐다!"를 외치며 급하게 노트북을 켜 과제를 보냈다. 스크린에선 생생한 성공 스토리가 재생되고 있는데 나는 과제나 하고 있는 그 광경이 참 볼만했다.

"언젠간 하겠지." 또 "푸붕이 우우래…" 상태로 들어가는 걸 방지하고자 요즘 내가 쓰는 치트키다. 성공하겠다는 생각은 좋지만, 그렇다고 조급함으로 번져서야 되겠는가. 높은 기준을 잡는 것과 완벽주의는 분명 다르다. 그러니까 그냥 막연하게 생각하는 거다.

'언젠가 좋은 날 오겠지.'

이런 진부한 표현을 정말 쓰기 싫었는데 정말 그렇더라. '쨍하고 해 뜰 날 돌아온다'는 송대관식 마인드로 하루를 충실히 살자. 매일 과거로 돌아가거나 혹은 미래로 떠나 '아, 이랬으면 좋았을걸', '이렇게 살아야 하는데…' 하며 시간여행을 하고 있기에는 하루가 너무 아깝다. 일생 전체는 되는 대로 살아도 나쁠 거 없지 않은가.

#21

신이 했어

벌써 프리랜서 2년 차다. 고등학생 때 잠깐 쇼핑몰을 운영했던 것까지 합치면 무려 5년 차다. 하지만 구질구질하니까 그냥 깔끔하게 푸더바로 활동한 2년만 취급하겠다. 2년 동안 보증금이랑 학비도 내 돈으로 충당했다. 심지어 월세도 안 밀리고 꼬박꼬박 잘 내고 있는 내가 문득 자랑스럽다.

어딘가에 소속되어 있지 않고, 혼자 활동하는 건 분명 장단이 있는 일이다. 자유는 좋지만, 자유엔 책임이 따르는 법이니까. 나도 내가 이런 개꼰대 같은 소리를 할 줄 몰랐다. 아무튼 그렇게 자유와 책임을 동시에 느껴가며 프리랜서로서 존나게 버티다 보니 '살아남는 방법'을 이제야 조금은 알 것 같다.

성공하는 법까지는 아니더라도 살아남는 법을 알고 싶다면 주목해도 좋다. 기왕 알려줄 것이면 성공하는 법이나 알려주지 무슨 고작 살아남는 법이냐고? 내가 뭐 인스타 성공팔이도 아니고, 일단 내가 성공을 해본 적이 없는데 어떻게 알려주겠는가. 실력이나 운 같은 뻔한 소리는 집어치우고 내가 가장 강조하고픈 건 바로 협업이다.

"위 더 베스트 뮤직!!!!!!!!! 어나던 원, 디제이 칼리드~~~!!!"

DJ 칼리드의 시그니처 사운드인데, 이 사람은 그야말로 협업의 신이다. 노래에 존나 시끄럽게 자기 이름 백 번은 외치는 그 아저씨 맞다. 내가 비즈니스적으로 가장 영감을 많이 받은 인물이기도 하다.

그를 보며 "그래서 이 새끼는 하는 게 뭐임?"이라는 게 지금은 밈으로까지 굳어진 느낌이지만, 나는 여러 협업 프로젝트를 할 때마다 그에게 굉장히 많은 도움을 받았다. 사실 '넌 하는 게 뭐야?'라는 비판을 받을 정도로 겉보기에는 하는 게 전혀 없어 보이는 데도 이렇게까지 성공했다는 것은 그가 그만큼 대단한 인물이라는 방증일 것이다. 물론 이 아저씨 좀 시끄럽긴 하지만.

DJ 칼리드가 개큰 주목을 받는 가장 큰 이유는 압도적인 디렉팅 능력 때문이다. 딱 맞는 비트에 딱 맞는 아티스트를 가져오는 능력에 도가 텄다. 거기다 자신이 추구하는 스타일을 가지고 있는 프로듀서를 귀신같이 섭외해 곡을 맡겨 최종적으로 자신과 대중이 모두 만족하는 곡을 만들어내는 방식으로 프로젝트를 완성시킨다. 각 파트에 적합한 인물을 선별하고 섭외하는 게 그가 하는 일의 전부라고도 할 수 있다.

생각보다 쉬운 일은 아니다. 트렌드를 누구보다 빨리 읽어야 하며, 하나의 프로젝트를 이끌어갈 리더십도 있어야 한다. 나는 DJ 칼리드야말로 가장 이상적인 프리랜서의 모습이라고 생각한다. 자신이 하는 일은 없지만, 모든 걸 하고 있기도 하는 마에스트로 같은 존재.

푸더바를 하며 굿즈를 만들거나 팝업을 열 때도 칼리드가 하는 방식을 많이 참고했다. 적합한 디자이너, 적합한 포토그래퍼, 적합한 에디터를 만나 내가 하는 일에 대한 정확한 비전을 이야기하고, 그들이 해야 할 일을 보다 명확하게 설명했다.

인공지능이 점차 대세가 되고 있는 시대에서 이제는 챗지피티에 얼마나 구체적인 프롬프트(입력값)를 전달하는지의 싸움이라는 말을 들은 적이 있다. 이 일도 다르지 않다. 내가 고용할 사람의 능력치를 최대한으로 끌어내는 디렉팅 능력(프롬프트)이 프리랜서에겐 필수인 시대다.

디렉팅은 단순 지시가 아니다. 누군가의 제안이 이 프로젝트에 더 좋게 작용할 것이라는 생각이 들면 자존심 부리지 말고 수용해야 하며, 그것이 아니라면 단호하게 내 생각을 이야기할 줄 알아야 한다. **나도 예전에 내 컴필레이션 앨범을 만들려고**

했는데, 너무 많은 사람의 의견을 듣고 갈팡질팡하다가 죽도 밥도 안되었던 기억이 있다.

또 하나 중요한 건 근성이다. DJ 칼리드는 제이지의 벌스를 얻으려고 1년 동안 뉴욕에 콘도를 얻어 거주하며 그를 따라다녔다. 이런 악바리 근성이 지금의 칼리드를 만든 거다. 본인이 프리랜서라면 정말 이곳저곳을 다니며 이를 악물고 친해져야 한다. 명함을 돌리고 인스타를 교환하고 자기 어필을 끝도 없이 해야 한다. 될 수 있다면 술자리를 참여하는 것도 좋은 방법이다. 술 마시면 친해지고, 친해지면 원래 안 되는 것도 되는 게 사람 사이의 일이니까.

최근에 포토그래퍼 박창로(@toilet_writer)님은 핫한 장소라면 무조건 가서 사진을 찍는다고 했다. 돈을 받고 사진을 찍는 것도 아니다. 하지만 고용된 사람으로 보일 정도로 열정적으로 사진을 찍고, 심지어 그 장소의 인스타 계정을 태그해서 올린다. 이렇게 발품을 팔다 보면 점점 일이 들어온다는 게 그의 지론이었다.

그깟 자존심 아껴봤자 어디에 쓸 것인가. 일이 없는데. 그딴 거 버리고 일단 존나게 버티자. 강한 자가 살아남는 게 아니라 살아남는 게 강한 거다. '유명해지면 똥을 싸도 박수를 쳐준다'는 말도 있듯이 일단 유명해지고 봐야 한다. 참고로 푸더바는 똥을 싸서 유명해진 케이스다.

지상 최대의
장기매매범

Name 진격의 거인
Category 만화 > 일본만화
Release Year 2009

좋아서가 아니라 무서워서 썼다

"신조오 사사게요!"

'심장을 바쳐라'라는 뜻이다. <진격의 거인> 속 엘빈 병장이 조사병단의 사기를 끌어올리기 위해 주로 사용하는 구호다. 목숨을 바쳐서라도 인류를 지키라는 다소 소시오패스적 의미를 담고 있는 이 구호는 호불호가 있을지언정 그 호소성 하나만큼은 누구에게나 인정받고 있다.

당신은 심장을 바칠 정도로 원해왔던 일이 있는가? 나는 있었다. 그건 바로 '시'다.

고등학생 무렵, 나는 시를 썼다. "님 뭐함?"이라고 당시 친구들이 물을 때면, 듣기만 해도 꿀밤 개마려운 오글거리는 이유들을 줄줄 읊어대곤 했다. 자기가 무슨 말을 하는지도 모르면서 자신이 시를 써야 하는 이유를 증명해야만 했던 실로 애처로운 모습이었다.

나의 시 쓰기 사랑은 사실 꽤 오래되었다. 초등학교 5학년 무렵, 담임선생님이 내 시를 칭찬해준 것이 시작이었다. 칭찬은 고래도 춤추게 한다는 말 다들 알 것이다. 그런데 이건 생각보다 무서운 말이다. 나처럼 살면서 받아본 칭찬이라곤 "와, 너 진짜 신기하게 생겼다"밖에 없는 인정욕구 짙은 인간에게 칭찬은 오히려 독이 될 수도 있거든.

물론 담임선생님이 수업 시간 중 약 10분을 할애해 내 시를 칭찬해주셨던 그 순간은 눈물 날 만큼 좋은 추억이었지만, 그 추억은 아주 오랜 시간 나를 지겹도록 괴롭혀왔다. 왜냐하면 나는 그 유명한 '애매한 재능'의 소유자였으니까.

그 칭찬을 받았을 당시의 나는 스스로가 천재라고 확신했다. 그 생각을 증명하듯 상도 여럿 탔지만, 천외천☞이라는 말이 있듯 시간이 갈수록 진짜 천재들에 의해 그 재능의 벽을 여실히 느끼고 말았다. 그래도 나는 포기하지 않고 시를 썼다. 좋아서가 아니라 무서워서 썼다.

☞ 하늘 밖의 하늘이라는 뜻으로, 무협 장르에서 주로 절정고수 위에 또 다른 규격 외 고수가 있다는 설정으로 쓰인다.

거대한 가스라이팅

어느 인터뷰에서 이말년(현 침착맨) 작가가 했던 말이 생각난다.

"빨리 포기하는 것도 용기다."

용기가 없었던 나는 불안이 닥칠 때면 내가 유일하게 잘해왔던 그것, 시 쓰기로 몸을 숨겼다. 마치 『잘 자, 푼푼』 속 주인공 푼푼처럼 그 아름다웠던 유년의 순간으로 도피한 것이다. 인생에서 그보다 아름다웠던 순간이 없었던 탓일지도.

그토록 원했던 문창과 입시에 실패하고 나는 처참한 마음으로 스무 살을 맞이했다. 세상이 무너지는 것 같았지만, 여러분도 알다시피 세상이라는 게 그리 쉽게 무너지지 않는다. 그래서 그냥 살고, 살다 보니 그 삶도 나름대로 또 재밌었다.

나는 요즘도 가끔 시를 쓴다. 처음 시를 썼던 호기심 가득한 초등학교 5학년 푸더바의 마음으로 쓴다. 심장을 바칠 만큼의

애정 없이 무뚝뚝하게 써내려가다 보면 기쁜 시가 완성된다.
'심장을 바쳐라'라는 말은 어찌 보면 거대한 가스라이팅이다. 아니, 이 세상에 심장을 바칠 일이 어디 있겠나. 엘빈은 지상 최악의 장기매매범이 분명하다.

간단 오므라이스 레시피
- 푸더바

깨어질지 몰라 불안해 톡톡.
닫힌 방문을 두들겨보곤 해

너는

작은 나를 흔연스럽게 껴안으며

우리는 그래

누가 누구인지도 모르게 풀어진 달걀물처럼
순조롭고 또 가려하게 섞이지

뭉근한 마음으로 달궈놓은 후라이팬 위로
물결치다가도, 낭창낭창
사랑은 간단한 재료라서
금방 이렇게 폭신해진다

오늘은 팔자에도 없는 재료들을 넣어보자

새벽 밤마다 울리는 핸드폰 진동, 미동 없는 입꼬리
속 새어 나오는 웃음, 주머니 속 주인 없는 머리핀,
2박 3일간의 행방불명.

누구 생일이야?
아니, 최선이야.

터벅터벅 잘게 썰어내는 건
누굴 위한 요령일까

이윽고 포근하게 감춰지는 비밀들

쌍란이네. 운이 참 좋다. 그게 네가 했던 말이었나
물 조절에 실패한 밥처럼 기억은 자꾸만 설익어서
허드레 익은 오믈렛으로 덮어두어야 해

케첩으로 적어보는 유불리는 늘
삐뚤빼뚤.

칼날이 닿아 가운데를 갈랐을 때,
균일하게 뿜어져 나오는 진노랑 빛을 봐

그건 명백한 훼손 행위이면서도
새롭게 탄생시키는 힘이야

아그작.

씹히는 달걀 껍데기

그렇게 조심을 했는데

너는 왜 이렇게 조심성 없니.

한 소리 듣는다

손가락 사이로 흐르는 흰자처럼

오늘은 좀 재수 없는 날이야

#22

뿌린 대로 거두리라

"레시피대로 했다고 그 맛 나는 거 아니잖아요."

이연복 셰프가 어느 방송 프로그램에 나와서 했던 말이다. 실로 엄청난 자부심이 느껴지는 발언. 내게 그런 자부심이 있는 건 아니지만, 공감은 되었다. 실제로 나를 베끼는 일명 '카피캣' 계정들을 원체 신경 쓰지 않는다. 관심이 없다기보단 막말로 내 콘텐츠가 엄청난 오리지널리티와 창의성을 갖고 있는 콘텐츠도 아닐뿐더러, 솔직히 나를 베낄 정도면 보통 나보다 재미없거든. 심지어는 '불펌'하는 계정에게도 마음껏 하라고

독려하기까지 했다.

그런데 이번에는 경우가 달랐다. 누군가 내 계정을 태그했길래 들어가 본 게시물. 소재부터 템플릿까지 거의 흡사했다. 한두 번 있는 일도 아니지만, 나를 당혹스럽게 한 건 포스팅을 한 계정주가 평소 내 팬이라며 가깝게 지내던 지인이라는 사실이었다. 심지어는 내가 태그된 댓글의 대댓글로 "ㅋㅋㅋ"라고 쓴 그의 행동에 어떤 반응을 보여야 할지 참 난감했다. <신세기 에반게리온> 레이처럼 이럴 땐 어떤 표정을 지어야 할지 몰라서 그냥 얼탔다.

급기야 날이 갈수록 팔로워가 급격하게 늘어나더니 나보다 더 많은 팔로워를 갖기 시작했다. 그 계정의 인지도가 높아질수록 팔로워들에게 제보 DM이 수없이 쏟아져 더 이상 무시할 수도 없는 실정이었다. 그분의 계정 댓글창에 푸더바라는 이름이 오르내리는 것도 불편했고, 이분과 어색한 관계로 있고 싶지도 않았다.

결국, 먼저 연락을 걸어 지금 일어나고 있는 현상에 대한 감정과 생각을 솔직하게 이야기했다. 감사하게도 정중한 사과와 더불어 내 계정을 보고 영향을 받았음을 깔끔하게 인정해주셨다. 나는 앞으로 '내 신경 쓰지 말고 편한 마음으로 게시물 만들어주셔도 될 것 같다'는 말로 통화를 마무리 지었다.

"품어."

내가 제일 좋아하는 말이다. 결국 내 편이 많은 게 남는 거더라. 아무리 삭막한 시대라도 해도 '뿌린 대로 거둔다'라는 격언은 꽤 적중률이 높은 격언이고, 설령 거두지 못한다고 해도 손해를 볼 건 없지 싶다. 돕는다는 건 그 자체로도 꽤 도파민을 자극하는 행위니까.

'Bring The Fire', '푸더바의 인스타 농가 살리기 프로젝트' 등 인스타에서 흥미로운 콘텐츠를 만드는 신예를 조명하는 기획을 많이 해왔다. 대표적으로는 인스타 매거진 박물구안(@bakmulgooan.kr), 그리고 바로 지금 내 책에 일러스트를 그려주신 열심히 살아야 되는 햄버거(@try_hard_hamburger)님도 모두 이런 기획을 통해 내가 푸더바 팔로워에게 소개를 한 창작자들이다.

처음에도 말했듯 나는 운으로 떴다. 실력에 비해 너무 잘됐다. 그래서 이 관심과 주목을 다른 사람들에게도 나눠드릴 의무가 있다고 생각한다. 그리고 이렇게 베풀면 꼭 돌아온다. 팝업을 열었을 때도 정말 수많은 지인분이 와주셨고, 내가 굿즈를 판매할 때도 부탁드리지 않아도 계속해서 공유를 해주셨다. 이럴 때면 바닥났던 인류애가 채워지곤 한다.

본인이 실력이 있고, 도움이 필요하다면 언제든 내게 연락해줘라. 돕겠다.

Pushing The Boundary

#23

책을 쓰는 이유

"느껴질 때 즐겨라."

멧 갈라[*]에 초대받아 한껏 들뜬 래퍼 센트럴 씨(Cenrtal Cee)를 보며 퓨처가 했던 말이다. 이미 대성공을 이룬 지 오래인 퓨처는 리조트에서 폭죽이 터지든 말든 그다지 감흥이 없을 터, 그러니 지금을 온전히 즐기라는 의미에서 한 조언 같았다. 나 역시 동감하는 바다. 그런데 여기 하나 첨언하고픈 게 있다.

☞ 뉴욕 메트로폴리탄 박물관의 코스튬 인스티튜트가 매년 주최하는 자선 갈라쇼.

"느껴질 때 기록해라."

이 책을 쓰면서 주변으로부터 22살이 무슨 에세이를 쓰냐는 말을 참 많이 들었다. 나조차도 납득이 가는 비판이었기에 많은 용기가 필요했다. 그럼에도 쓰려는 이유는 명확하다. 가능한 온전하게 내가 느낀 모든 것을 기록하고 싶었다. 기쁨과 슬픔, 희열과 무력감, 심지어는 부족함까지도.

10대 때 봤던 <네모바지 스폰지밥>이 지금 보면 무척 유치하게 느껴지듯, 꿈만 같은 지금의 삶도 30대가 되어 되돌아보면 별거 아닌 것처럼 보일 수 있다. 그때가 되어 지금을 회고했을 때, 내가 느낀 감정을 생생하게 표현하기란 불가능에 가깝다.

인간은 애매하게 똑똑한 동물이다. 24시간 동안 벌어진 손가락 하나하나의 움직임, 바람의 흐름, 스쳐 지나가듯 했던 누군가의 언어를 하나도 빠짐없이 기억해낼 수 있을까? 심지어 원래 알고 있던 사실을 잊어버리기까지 한다. 이 애매한 기억력 덕에 우리는 주로 자극적인 기억만을 떠올리게 된다.

그런데 자극조차도 무뎌진다면, 그러니까 면역된다면 우리가 기억할 만한 가치가 있는 장면 또한 점점 없어지게 될 것이다. 이런 '면역됨'에서 벗어나고자 인간은 늘 새로운 도전을 한다. 도전에는 끝이 없다. 말 그대로 무한도전이다. 새로운 자극을 찾기 위해서 기꺼이 행위하는 게 인간이니까.

그래서 나는 면역됨을 대비하고자, 그리고 면역됨에서 벗어나고자 이 책을 쓴다. 이 책이 세상에 나왔을 때 생기는 반응으로 난 또 한 번 변할 것이다. 독자가 주는 피드백, 책의 판매량, 호평과 악평 등으로 나의 위대함과 부족함을 알게 되겠지. 구태의연하지 않다면 영원히 살 수 있다는 말도 있듯, 이로써 내 삶이 얼마나 윤택해질지 벌써 기대가 된다. 내가 생각하는 도전의 의의란 이런 데 있다.

#24

푱 더 바운더리

내 이름이 싫었다.

'次鎰'

'버금 차'라는 한자에 '무게 이름 일'이라는 한자. '버금가는 무게'라는 께름칙한 뜻을 가진 이름. 누구는 레어닉이라고 부러워하지만, 내게 저 이름은 자격지심 트리거였다.

친누나는 미친 사람이다. 초등학생 때부터 성적 순위권을 놓치지 않으면서 명문대 직행, 거기서도 장학금을 타서 유학을 간 개미친 인간. 게다가 구김살도 없어서 인기도 많고 가족 내에서도 분위기 메이커를 담당하곤 했다.

반면 나는? 공부는 일찌감치 포기, 애가 애 같은 맛도 없어서 웃지도 않고 매번 대들기만 했던 게 나다. 한마디로 '이뻐하려야 이뻐할 수 없는 놈'이라는 게 스스로가 내린 객관적인 평가다. 가족이 누나를 편애하는 건 어찌 보면 당연한 섭리였다. 물론 대놓고 하진 않았지만, 그게 더 슬펐다. 아니라고는 하는데, 다 티가 나는 그런…

'차일'이라는 이름을 싫어하는 이유를 이제 좀 알겠는가? 대체 왜 으뜸이 아닌 버금일까. 나는 이제 그만 좀 버금가고 싶었다. 한 번만이라도 으뜸갈 순 없는 걸까. 차일이라는 이름은 이 지긋지긋한 인정욕구와 자격지심에서 벗어나지 못하게 하는 일종의 경계 같았다.

"아빠가 예쁘다는 말을 한 번이라도 해줬으면 남자 보는 눈이 높아졌을까?"

얼마 전에 서울로 강연 들으러 갔다가 어느 연사분이 했던 말이다. 정확히는 기억이 안 나는데, '아버지가 본인에게 예쁘다는 칭찬을 한 번이라도 해줬다면 똥차를 좀 덜 만났을 것이다'라는 취지로 했던 말 같다. 적은 인정은 사람을 참 궁핍하게 만든다. 궁핍한 상태에선 내게 살갑게 다가오는 누군가라도 엄청나게 거대해 보인다. 말하자면 변별력이 떨어지는 거다. 이제 와서 보면 고등학교 때 사업을 시작한 건 그런 이유 때문이 아니었나 싶다. 빨리 성공해서 인정을 받고 싶었다는 뭐 그런 찌질하기 그지없는 마음.

그래서 한때는 뱃사공의 「부재중」에 나오는 "인정받길 원해 우린 인정받길 원해 인정받은 후엔 더 큰 인정받길 원해 진정 우리 사는 이유"라는 가사를 입에 달고 살기도 했다.

돈이 다가 아니란 말은 돈을 벌어본 사람만이 할 수 있는 말. 돈이 없는 사람이 그런 말을 하면 추하게 보일 뿐이다. 이미 도달해본 사람과 아닌 사람이 하는 말은 신빙성에서부터 큰 차이가 나니까. 그런 면에서 이제 인정에 대해 조금은 이야기해볼 수 있지 않을까 싶다. 감사하게도 푸더바를 시작하고 나서는 차고 넘치는 인정을 받았으니까.

인정이란 걸 받아보니까 알게 된 사실, 사람은 다 인정받으려고 사는 거다. 타인의 인정, 그리고 나 자신의 인정. 내가 푸더바를 하게 된 이유, 그리고 계속하고 싶은 이유도 이것 때문이다. 누군지도 모를 사람이 무심코 던진 "너는 진짜 인정한다...", "이생퀴 픽은 믿고 보지 ㅋㅋ" 같은 말들로 살아 숨 쉬는 거다.

나아가 내 자신도 나를 인정하게 됐다. 옛날에는 '나 정도면 훌륭하지'라며 되도 않는 허세를 부렸지만, 단 한 번도 진심으로 내가 대단하다고 생각한 적은 없었다. 이제는? 진심으로 내가 대견하다. SNS에서 수만 명이 나를 팔로우하고, 팝업을 열면 수천 명이 나를 보러 오는 진귀한 경험도 해보았다. 굿즈로 수백만 원을 벌고, 뉴스에도 나오고, 이제는 책도 낸다.

"님 제발 겸손 좀... ^^;" 이런 말은 제발 집어치워라. 난 이 사실이 너무 자랑스럽고, 그래서 계속 말하고 다닐 예정이다. 내 노력으로 일궈낸 나의 이야기가 있다는 건 분명

11850003
신차일

2024년 푸더바 팝업을 위해 신청했던
국가정책지원금 면접 당시 이름표

자랑스러워할 만한 사실이고, 이런 사실이 곧 나라는 사람에게 가치를 부여해준다. 가치가 있다면 어떤 번아웃이 와도 버텨낼 수 있다.

푸더바는 내가 처음으로 지은 내 이름이자, '나는 뭘 해도 누나한텐 안돼', '도전은 무슨 도전이야…' 하며 스스로 만든 경계를 밀어내게 해준 고마운 이름이니까.

그날 밤 모정돼지는
울다 지쳐 잠이 들었다

Name   모정돼지
Category   웹툰 > 갤러리 연재물
Release Year 2004~2005(추정)

근친돼지, '자살관여죄'로 재판장에 끌려가다

이 작품은 내가 우울감에 젖어 아무것도 안 하며 침대에만 누워 보내던 고등학교 시절, 허벅지를 벅벅 긁으면서 디시인사이드 카툰연재갤러리에서 봤던 만화다. 모르는 사람이 많을 것이므로 일단 줄거리 설명부터.

주인공은 엄마의 죽음을 맞이한다. 처참한 표정으로 목을 매단 어머니의 묘지 앞에서 눈물을 흘리는 주인공. 그때, 어디선가 사람들이 나타나 그런 주인공을 비난하며 재판장으로 끌고 간다. 영문을 모르는 주인공은 사람들을 향해 부모를 잃어 눈물을 흘리는 자신에게 왜 그러냐고 묻는다. 사람들은 분개한다.

사건의 전말은 이러하다. 어렸을 적부터 국어에 뛰어난 두각을 보인 주인공은 대학에 진학해 소설가가 되기를 꿈꾼다. 홀로 주인공을 키우던 어머니는 살신성인 그를 지원한다. 그러나 시간이 지나도 그가 말하던 '위대한 소설'은 당최 완성될 기미가 보이지 않는다. 무려 11년간이나 말이다.

그러던 어느 날 어머니는 그의 소설을 우연히 보게 된다. 일생일대의 걸작을 만들겠다고 떵떵거리던 포부와는 다르게 그 소설 속에는 낙서와 백지만이 가득할 뿐이다. 자신에게 폭력을 저지르던 옛 남편의 모습이 사랑하던 아이에게서 겹쳐 보인다. 이 사실을 견딜 수 없는 어머니는 결국 목을 매단다. 따라서 주인공은 '자살관여죄'로 재판장에 끌려가게 된 것.

전말을 알게 된 주인공은 피눈물을 흘린다. 창문을 깨 자살을 시도한다. 죄를 뉘우치기는커녕 죽음을 대가로 면죄부를 사려는 그의 모습에 사람들은 분노한다. 모정을 볼모로 삼아 한 여자를 착취한 그에게는 '근친돼지', '모정돼지'라는 낙인이 찍힌다. 주인공은 몹시 괴로워한다. 이후 몸이 사방으로 찢겨지는 형벌을 받게 되고, 그 사체 안에서 괴물이 튀어나와 시체를 주워 먹곤 시점은 전환된다.

편집자와 미팅을 하고 있는 소설가. 편집자는 작품이 썩 마음에 들지 않는 듯 이야기한다. 페이를 달라는 소설가의 말에 출판사는 이따위로 각색을 해두고 페이를 달라는 거냐며 비웃기까지 한다. 결국 페이를 받지 않고 회사 밖을 나온

소설가. 그는 전봇대에 기대어 토를 하고 눈물을 쏟는다.
힘겹게 벽 너머를 본 소설가는 모정돼지를 씹어먹은 괴물을
보고 말한다.

"엄마."

'엠생도살기?'

사실 이런 이런 종류의 작품은 클리셰가 된 지 오래다. 게다가
이 작품의 경우 그 퀄리티가 조악하기 그지없다. 작품 속
주인공은 당시 유행하던 김풍의 웹툰 「폐인가족」의 그림체를
그림판으로 대충 따라서 그린 것으로 추정되며, 그 외에도 많은
짤 등이 짜깁기된 것으로 보여 기괴함마저 느껴진다.

그럼에도 이 작품이 많은 음지의 창작자들 사이에서
지금까지도 회자되는 이유는 간단하다. 바로 게으름과
의지박약으로 똘똘 뭉친 한심한 주인공과 고통받는
가족을 조명하는 '엠생도살기' 작품의 원류이기 때문이다.

엠생도살기라는 말을 딱히 좋아하진 않지만, 이 표현만큼 장르의 특징을 잘 나타내는 말이 없는 것도 사실이다. 그렇다면 엠생도살기 작품에는 대체 어떠한 특징이 있을까?

일단 무엇보다도 작가가 '아마추어'라는 점이 중요하다. 주인공의 실패를 다루는 작품은 많지만, 그 작품을 쓴 사람은 이미 성공한 소설가이기에 독자는 자연히 반감을 가지게 된다. 그러나 「모정돼지」는 디시인사이드 카툰연재갤러리에서 연재된 아마추어 작품이다. 당시 유행하던 말로 '행자'들이 만화를 연재한 것이기 때문에 그 몰입도부터가 다르다. 아주 직관적으로 '늙은 젖먹이'의 입장에서 어머니의 희생을 독자들에게 전달할 수 있으니까.

또한 매우 가학적이라는 것도 하나의 특징이다. 이 작품에서는 '소설'을 부모님의 기대라는 메타포로 세워놓으면서 독자를 효과적으로 일체화시켰다. 따라서 독자는 '내가 실패하면 저 주인공처럼 되는 건가?'라는 매우 현실적인 불안에 자연히 빠지게 되는 것이다. 특히 나의 잘못으로 인해 치명적인 피해를 입는 사람을 어머니로 설정한 점이 꽤나 잔인하다. 만화의 주소비층이 불안정한 20대인 것을 생각해보면, 이 웹툰을 읽고 나면 자신들이 도전하는 미래에 대해 큰 경각심을 가질 수밖에 없다.

싫으나 좋으나 「모정돼지」가 제시한 패러다임은 사람들에게 큰 충격을 주었다. 이후 '희키', 'sepia', '끈배' 등의 작가뿐만 아니라 한국 인터넷 커뮤니티 전반의 패배주의적 분위기에도 적잖은 영향을 끼치기도 했고.

자기파괴를 통한 재창조

나 역시 「모정돼지」를 보며 큰 충격을 받았다. 왜냐하면 거의 내 이야기였으니까. 내가 처한 상황과 직결되는 만화의 내용은, 그동안 구태여 덮어두었던 현실을 가감 없이 드러냈다.

과거의 나는 부모님에게 줄곧 '내 꿈은 누구도 꺾을 수 없다'는 반쯤은 협박에 가까운 말을 해왔다. 꿈에 대한 지원이 부모님에게서 오는 것을 알고 있음에도 뻔뻔하게도 그런 말을 해왔던 것이다. 그러나 정작 꿈을 현실로 만드는 일에는 소홀했으며, 심지어 꿈을 핑계로 그동안 해왔던 일과 공부 또한 포기했다. 아무것도 이뤄내지 못했다는 사실은 크나큰 불안감으로 번졌다.

앞서 말했듯 엠생도살기 작품의 무서움은 작품을 읽는 자신과 주인공을 자연스럽게 일체화시킨다는 점이다. 작품의 주인공처럼 가족의 사랑을 볼모로 그들을 착취하는 모습은 당시 나의 모습과 꽤 겹쳐 보였다. 가족이 수십 년간 고생하며 키워낸 결과물이 지금의 나와 같은 모습이라면, 그들의 삶을 전면으로 부정시키는 것 아닐까 하는 죄책감. 그런 생각을 하니 불안에 시달려 도저히 잠을 잘 수 없는 지경이었다.

그러나 아이러니하게도 불안은 하나의 기회이기도 하다. 그날 이후로 나는 엉망인 현실을 마주하며 나를 조금씩 해체했다. 나의 실수와 단점들을 분석해나갔다. 분명 고통스러운 일이었지만, 직시하지 않으면 무언가 안 좋은 것들이 눈덩이처럼 불어날 것을 알기에 그래야만 했다. 해야 할 일들과

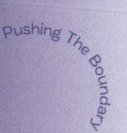

하지 말아야 할 일들을 분류한 뒤 당시의 내 생활 방식을 다 뜯어고쳤다. 그렇게 얼마간의 시간이 흐른 지금, 나의 모습은 전과 비교하자면 환골탈태했다고 자신 있게 말할 수 있다.

그런 의미에서, 내 첫 책의 마지막 리뷰로 「모정돼지」가 놓여 기분이 묘하다. 이제야 비로소 내 과거와 제대로 작별 인사를 한 기분이랄까. 끝 모를 우울에 잠겨 있는 사람이라면 이 작품을 감상하며 스스로의 우울과 대면해보길 추천한다.

Pushing The Boundary

에필로그

전격! 푸더바 인터뷰

푸더바는 온갖 서브컬처 콘텐츠를 리뷰하고 큐레이팅하고 인터뷰했으면서도 정작 본인은 정식으로 인터뷰를 당한 적이 없다. 그래서 이번엔 편집부가 작정하고 푸더바를 인터뷰해봤다.

수년째 1인 매거진을 운영하며 새로운 장르를 개척 중이다. 그동안 영향을 받은 종이 잡지가 있다면?

추억 보정일 수도 있지만 초등학교 때 읽기 시작한 <우등생논술>이라는 잡지가 제일 기억에 남는다. 문화 탐방, 음식 리뷰 같은 다양한 콘텐츠가 실려 있었는데 어린 나이였음에도 '내용 구성'이 좋다는 게 느껴졌다. 민음사에서 발행하는 《릿터》도 좋아한다. 황인찬 시인의 「북 치는 소년」이라는 시와 미니멀리즘이라는 주제를 엮었는데 그 기획이 참 좋았다. 이런 잡지들을 보면 만드는 사람들의 애정이 느껴진다. 그저 일뿐일 수도 있지만 잡지를 만드는 사람들이 자기 일에 최선을 다하는 모습이 부러웠다. 작품 너머에 있는 창작자들의 모습이 막 상상되고. 식당에서 뭘 먹을 때도 이건 어떻게 만들었지, 왜 이 가격을 붙였지, 왜 여기에 자리를 잡았을까 속으로 계속 생각하면서 먹는다. 만화든, 영화든, 책이든 한번 잡고 보기 시작하면 이런 식으로 몰입한다. 이 문장은 왜 이렇게 썼을까, 작가의 의도는 뭘까, 예상 독자는 누구일까… 어렸을 때 잡지를 보면서 뭐든 생산자의 관점으로 경험하는 습관이 스며든 것 같기도 하다.

인스타 매거진을 포함해서 콘텐츠를 만든다는 건 결국 독자의 시간을 누가 더 많이 뺏느냐의 싸움인 것 같다. 콘텐츠를 창작할 때 이런 걸 신경 쓰나?

첫 번째로 신경 쓰는 부분은 섬네일. 장담컨대 현 시점 인스타 매거진 중에서는 푸더바의 섬네일이 가장 어그로를 잘 끈다고 생각한다. (웃음) 정말이다. 일단 기본 폰트인 프리텐다드 스타일로 사람들을 후킹하는 자극적인 단어를 엄청 크게 때린다. 짤을 활용해서 이런 식으로 섬네일을 꾸민 건 아마 내가 처음인 것 같다. 두 번째는 자극적인 섬네일을 충족하는 흥미로운 소재를 발굴하는 것. 얼마 전에 고스트클럽을 콘텐츠로 다뤘는데 기존 인스타에서는 거의 다뤄지지 않았던 소재라서 반응이 좋았다. 고스트클럽을 모르는 사람도 일단 이쪽 씬에 관심이 있기 때문에 '이게 뭐지?' 하고 푸더바 계정에 체류하는 시간이 늘어난다. 꽤 화제가 됐던 『잘 자, 푼푼』도 푸더바에서 거의 처음으로 다룬 만화다. 세 번째는 '즐거움'이다. 자극적인 어그로로 신선한 소재를 제안했다면, 그렇게 유입된 사람에게 재미를 줘야 한다. 드립이든 짤이든 패러디든 '이거 재밌는데?'하는 경험을 남겨야 한다. 보통은 핀터레스트에서 이미지를 가져오는데 나는 디씨에서 좀 더 딥한 이미지나 짤을 가져와 직접 2차 가공하거나 AI를 활용해 패러디를 한다. 최근 '농가 살리기 프로젝트' 섬네일도 그렇게 만들었다. 디씨에서 사용하는 디씨콘 문화를 인스타로 가져와 활용한 것도 푸더바가 처음이다.

선 넘는 어그로에 대한 기준이 있나?

일단 거짓말 치면 안 된다. 예를 들면 "양홍원이 도로 한복판에서 버지를 벗었다"라는 카피를 단 기사나 카드뉴스가 엄청 쏟아진 적이 있었는데, 이게 도로에서 엉덩이를 깐 건 팩트지만 맥락을 보면 전혀 다른 내용이었다. 양홍원은 그냥 아무도 없는 밤길에 잠깐 장난을 친 건데 이걸 마치 공공장소에서 엄청난 기행을 한 것처럼 묘사했다. 이런 어그로는 득이 안 된다. 이런 카피에 속아 클릭해 들어온 유저는 허무함을 느낀다. 이게 되게 사소해 보여도 구독자가 콘텐츠에서 이런 실망을 한번 느끼면 팔로우 취소, 차단으로 이어진다. 그리고 일단 거짓말은 창작자 입장에서 용납이 안 된다.

콘텐츠를 소개하는 큐레이션이라는 장르 특성상 상대적으로 오리지널리티가 약하다는 생각이 든다. 푸더바 계정은 언제까지 큐레이션 콘텐츠로 생존할 수 있을까? 다음 스텝을 고민하나?

큐레이션 콘텐츠에 한계가 있다는 말에 동의하지 않는다. 큐레이션도 잘만 만들면 오리지널리티를 확보할 수 있다. 가령 이동진 평론가는 오리지널 콘텐츠(영화)보다 더 재밌게 영화를 비평한다. 이미 그것만으로도 오리지널리티를 갖고 있지 않나? 그래서 나만의 관점과 개성이 녹아든 큐레이션 콘텐츠는 계속 가져갈 생각이다. 이와는 별개로 다른 시도들도 고민 중이다. 가장 하고 싶은 것은 팟캐스트다. 어떤 작품이나 이슈에 대해 직접 썰을 풀고 영상 편집이나 효과도 직접 해서 보이스와 비디오가 결합된 팟캐스트 방송 같은 것을 하고 싶다. 라이브로 청취자들과 소통하면서 방송하고, 방송이 끝나면 그걸 릴스 같은 콘텐츠로 만들어서 유통하고. 예전에도 디코에서 한 번 해봤는데 반응이 나쁘지 않았다. 다만, 어떤 사안에 대해 깊이 있게 비평하는 내공이 아직은 좀 부족한 것 같아서 중단했다. 스스로 준비가 됐다고 판단될 때 다시 도전할 생각이다.

지금의 푸더바에 가장 큰 영감을 준 유튜버는?

빅쇼트. 지금은 고인이 되신 분인데, 이 분야에서

큐레이션이나 리뷰를 하는 사람이라면 빅쇼트를 안 거친 사람이 없을 것이다. 힙합씬에서는 거의 최초로 심도 깊은 리뷰를 유튜브에 올려 콘텐츠화한 사람이다. 중학생 때 이 유튜브를 처음 접했는데 진짜 엄청 자극이 많이 됐다.

문득 '초딩 푸더바'가 처음 접했던 SNS 채널이 무엇이었나 궁금하다.

스모쉬라는 외국 채널이 있다. 2005년부터 활동한 유튜브 채널인데 푸더바의 천박한 개그와 감성이 여기에서 왔다고 보면 된다. (웃음) 지금도 구독 중이고 많은 영향을 받고 있다. 그리고 사람들이 오해하는 게 내가 맨날 일본 애니나 소설 같은 걸 다루니까 '푸더바는 일본 문화만 빤다'고 알고 있는데 사실 나는 미국 서브컬처 문화에 더 큰 영향을 받았고, 더 좋아한다. 스모쉬도 그중 하나다.

초등학생이 그런 외국 유튜브 채널을 접하기가 흔한 경우는 아니었을 것 같은데.

그때 유튜브 세계가 지금이랑은 좀 달랐다. 그냥 무법지대였다. 19금 영상이 검열 없이 돌아다니고. 스모쉬 다음으로 영향을 받은 채널은 대도서관이 있다. 마인크래프트 영상을 엄청 많이 봤다.

인플루언서가 되면서 DM도 많이 받았을 것 같다. 최고의 DM과 최악의 DM이 궁금하다.

예전에 어떤 구독자가 책을 보내준다길래 고마운 마음에 받았다. '이거 나중에 리뷰라도 해드릴까요?' 하고 말씀드렸는데 그 뒤로 계속 자기 책 리뷰 왜 안 올리냐고 연락이 왔다. 책이 정말 재밌으면 올려주겠다는 뜻이었는데 계속 물어보더라. 광고라는 게 한 번 올릴 때마다 지속적으로 팔로워가 이탈된다. 그럼 또 광고가 아닌 콘텐츠를 올려서 새로운 구독자를 유입시켜서 채널을 조금씩 성장시키는 패턴인데, 이런 식으로 막무가내로 리뷰를 올려달라고 하니까 진짜 개빡쳤다. 나중에는 DM으로 나한테 돈을 왜 이렇게 밝히냐고 욕하더라. 근데 생각해보면 돈 밝히는 건 돈 한 푼 안 들이고 공짜 광고하려는 그 사람 아닌가?

그런 사람들이 한둘이 아닐 것 같은데 대처하는 매뉴얼 같은 게 있나?

병먹금☞. 그냥 무시가 답이라고 생각한다.

좋았던 경우는?

「죽음에 관하여」라는 웹툰을 소개한 적이 있는데 그걸 읽고는 자기가 나쁜 마음을 먹고 있었는데 그걸 극복할 수 있었다고 장문의 DM을 보내준 분이 계신다. 푸더바 블로그에도 댓글을 달아주시고 심지어 성수동 팝업 때도 직접 오셔서 인사를 나눴다. 이때 뭔가 책임감 같은 걸 느꼈다. '하나를 올려도 대충 올리지 말고 제대로 올리자.' 이 책임감이 나쁘지 않았다.

1인 매거진 운영자 겸 1인 프리랜서 푸더바의 작업 공간이 궁금하다.

'노트북이 있는 어디든'이라고 답하겠다.

☞ '병신에게는 먹이 금지'의 줄임말.

그럼 노트북 안에는 어떤 작업 툴이 깔려 있나?

불과 몇 달 전까지만 해도 파워포인트로 모든 디자인 작업을 했는데 지금은 피그마로 하고 있다. 문서 작업은 메모장에다 텍스트를 휘갈겨 쓰고 붙여넣기 하면서 작업한다. 피그마 안에서 다른 사람들과 공유도 할 수 있어서 웬만한 작업은 이 안에서 다 끝낸다. 요즘 다른 사람들도 다 피그마로 넘어가는 것 같다.

만드는 콘텐츠 레퍼런스나 리소스는 어디서 구하나?

주로 인스타에서 디깅한다. 예전엔 디씨에 직접 가거나 외국 사이트에서 발굴했는데, 이제는 반대로 거기서 활동하던 창작자들이 인스타로 넘어오는 추세다. 사실 나도 그런 사례 중 하나이긴 한데, 디씨 '포라갤'이라고 포스트락마이너갤러리라는 곳이 있는데 거기에서 활동하던 네임드들이 이제 인스타 매거진을 시작하더라. 처음 푸더바를 비롯해서 인스타 매거진이 생겨났을 때 거기 있는 분들이 엄청 욕을 많이 했다.

'쟤네 다 가짜'라고. 그래서 나도 엄청 욕을 많이 먹었다.
그런데 이제 그랬던 사람들이 인스타로 넘어오고 있는 것 같다.

뭔가를 계속 기획하고 창작하는 사람으로서 늘 시간이 부족할 것 같다. 시간 관리는 어떻게 하나?

일단 대학생은 생각보다 시간이 많다. (웃음) 나는 사소한 걸 놓치지 않으려고 애쓴다. 예술 작품을 보는 것만 인풋이라고 생각할 수도 있지만, 그냥 사소한 릴스 한 편을 보는 것도 내겐 엄청난 인풋이 될 수가 있다. 푸더바 계정과 아무 관련이 없는 콘텐츠라고 해도 뽑아내려고 하면 얼마든지 뽑아낼 수 있는 콘텐츠가 널려 있다.

혼자 기획하고 혼자 제작하고 혼자 발행하고. 혼자 일하는 루틴이 외롭진 않나?

전혀. 혼자 일해서 오히려 더 자유롭고 좋다. 내 진로에 회사 들어가는 게 없는 이유도 비슷하다. 뭐든지 '컨펌'이라는 절차가 들어가면 어쩔 수 없이 제한되는 언어나 표현들이 생기는데 나는 이렇게 내 오리지널리티가 훼손되는 게 너무 괴롭다.

컨펌을 통해 퀄리티가 더 향상되고 리스크가 제거될 수도 있는데?

세상에는 정말 범접할 수 없는 전문가들이 분야마다 있다. 예를 들면 푸더바가 팝업을 한다고 하면 팝업을 준비해주는 기획자분들이 최고의 전문가들이다. 지금 책을 쓰는 것도 출판사라는 전문가가 있기 때문에 수월하게 작업을 할 수 있는 것이고. 이런 사람들에게 조언을 구하고 컨펌을 받는 것은 당연히 필요하다고 생각한다. 하지만, 이와 마찬가지로, 푸더바라는 인스타 매거진에서 게시물을 만들어 올리는 건 내가 최고의 전문가다. 내 본업에서는 컨펌을 받을 필요가 없다. 내가 제일 잘 알고 있고 잘하니까.

채널이 확장되고 일의 범위가 늘어나면 나중에는 '싫어하는 일'도 해야 하는 순간이 올 텐데.

내 마인드는 '싫어하는 일은 죽어도 안 한다'와는 거리가 멀다. 싫어하는 일이 내가 좋아하는 일, 하고 싶은 일을 위한 제물이라고 생각하면 기꺼이 할 수 있다. 예전에 팝업 행사를 했을 때도 솔직히 진짜 너무 힘들었고 모든 순간이 하기 싫은 일들뿐이었다. 하지만 결국 내가 좋아하는 목표를 향해 걸어가는 과정이라서 닥치고 버틸 수 있었다. 그런 일들이라면 얼마든지 버틸 수 있지. 물론 채널이 폭망해서 당장 돈이 궁해져서 닥치는 대로 아무 일이나 해야 한다고 하면 당연히 할 수밖에 없겠지. 하지만 불행하겠지. 근데 그런 상황은 아직 안 왔으니까 생각 안 해도 될 것 같다.

졸업, 취업, 회사 생활… 일반적인 루트에서 벗어난 삶이 불안하진 않나?

지금 아예 하나에만 올인한 게 아니라서 불안하진 않다. 고등학교 1학년 때 사업을 한 적이 있는데 그땐 진짜 두 번 다시 공부 따위 안 한다는 마인드로 완전 학업을 포기했다. 그러다 사업이 망해서 다시 공부로 돌아갔는데 진짜 너무 힘들었다. 그때 내 평균 등급이 8등급이었나? 절망적이었다.

그래서 이제는 어떤 한 가지를 완전히 포기하는 선택은 절대 하지 않는다. 조금 힘들긴 하지만 대학교 수업 열심히 들으면서 푸더바 계정을 운영 중이다. 만약에 내가 1인 매거진만 운영하면서 산다면 내 삶에는 그냥 푸더바만 있는 건데, 공부도 하면서 푸더바를 하면 이건 뭔가 플러스가 된 느낌이다. 삶에 계속 어떤 플러스가 되는 상태가 좋은 것 같다.

어렸을 때부터 친구가 많이 없었다고. 나이에 비해 유달리 조숙했던 탓에 외로움을 느낀 적은 없었나?

외로움은 항상 느꼈지만 그게 내 조숙함 때문이라고 생각하지는 않는다. 내 성격이 좀 지랄맞다. 다 질려서 도망가는 거다. 그래도 다행히 뇌 빼고 놀 친구들이 몇 명 있긴 하다. 친구들아, 보고 있냐. 사랑한다.

끝으로 독자들에게 남기고 싶은 말은?

할 거 하세요, 다들.

INDEX

채널/유튜브/브랜드

원의독백	#2
아이즈 매거진	#4
러프 매거진	#4
아임성민랩	#4
밴드붐은온다	#4
런업	#4
김강토	#4
리뷰왕 김리뷰	#4
포엠매거진	#4
박물구안	#4
문화컬쳐	#4
프라이빗 폴더	#4
왓이즈락	#4
김푸르스름	#4
생맥	#4
링롱댕	#4
사탄매거진	#4
영화불결심	#6
코리아할렘	#10
힙합페이크야	#10
윤루카스	#11
패션플랫폼서울	#11
더스파이시갑자숍	#12
사우스 코리안 파크	C4
장삐쭈	C4
태호서울	C5
빅쇼트	E
스모쉬	E
대도서관	E

커뮤니티/플랫폼

카툰연재갤러리	#1
노벨피아	#5
도답타	C5
도리무란도	C5
포스트락마이너갤러리	E

만화/웹툰

모정돼지	#1
잘 자, 푼푼	#2
어떤 과학의 초전자포	C1
히키찐따 야순이	#5
일리단녀	#5
베르세르크	#5
식객	C2
고로시야 이치	#8
원피스	#8
데드데드 데몬즈 디디디디 디스트럭션	C3
참피 키우기	C3
빌리 배트	#11
호문클루스	#11
폐인가족	C8

영화/애니메이션

비비스와 버트헤드	C1
불한당	C3
사우스 파크	C4
올드보이	#18
강원도의 힘	C6
진격의 거인	C7
신세기 에반게리온	#22
네모바지 스폰지밥	#23

소설/시/잡지

한없이 투명에 가까운 블루	#2
면도날	#2
민음사 세계문학 전집	#6
노르웨이 숲	C2
롤리타	#8
무진기행	C6
우등생논술	E
릿터	E
북 치는 소년	E

노래

너무 깊게 생각하지 마	C1
To See the Next Part of the Dream	#6
Flying Bobs	#10
Kyo181	#13
UP!	#19
비행	#19
억지로웃지않ㄹ위치ㄹ	#20
부재중	#24

뮤지션

에미넴	#1
초록불꽃소년단	#2
키키	#2
언니네 이발관	#2
파란노을	#6
허클베리피	#6
서출구	#6
염따	#7
DJ 칼리드	#8
검정치마	#10
칸예 웨스트	#12

최성	#12	마광수	C4
고스트클럽	#12	장정일	C4
실리카겔	#13	김종삼	C5
이센스	#17	황인찬	#18
바밍타이거	#19	미시마 유키오	#19
천재노창	#20	이말년	C7
센트럴 씨	#23	김풍	C8
퓨처	#23		
뱃사공	#24		

작가

나희덕	#1
후지모토 타츠키	#1
고선경	#2
황병승	#6
우다영	#6
무라카미 하루키	C2

기타

VR CHAT	#1
마운틴듀	C1
롤러코스터 타이쿤	#7
프리텐다드	E

힙스터 빙고
by 푸더바

카페 갔는데 투메 노래 나오면 팍 식음	음악 평론 보거나 씀	혼자 공연 보러 다님	사운드클라우드 깔려 있음
필름 카메라 씀	빈티지샵 다님	할 줄 아는 악기 하나 이상 있음	줄 이어폰 씀
독립영화 3편 이상 봄	월청자 1000명 이하 아티스트 노래 들음	독립서점 좋아함	코믹스 봄
나만 아는 아티스트 유명해지면 우울함	좋아하는 음악 물어보면 당황함	수염/장발/특수머리 중 하나 이상 해당됨	힙스터라는 소리 들으면 싫어함

힙스터 빙고

by _____

PUSHING THE BOUNDARY

경계를 밀어내다

푸싱 더 바운더리

마이너 서브컬처 매거진 밑바닥 생존기

푸더바 지음

초판 1쇄 인쇄 2025년 9월 10일	주소 경기 파주시 초롱꽃로 109, 406호 (A-18)
초판 1쇄 발행 2025년 9월 17일	전화 070-8211-2265
지은이 신차일	팩스 0504-141-5750
펴낸곳 자크드앙	이메일 official@zacdang.net
디자인 유어텍스트	신고번호 제2024-000142호
일러스트 열심히 살아야 되는 햄버거	홈페이지 instagram.com/zacdang_
제작 ㈜공간코퍼레이션	

ISBN 979-11-990232-7-7 (03810)

· 책값은 뒤표지에 있습니다.
· 잘못 만들어진 책은 구입처에서 교환해드립니다.

자크드앙은 함께 선을 넘고 점 하나를 찍을 독자 여러분의 제안과 투고를 기다립니다.

© 신차일, 2025

이 책은 저작권법에 의하여 보호받는 저작물이므로 무단전재와 무단복제를 금합니다.
이 책의 내용 일부 또는 전부를 재사용하려면 반드시 출판사와 저자의 동의를 얻어야 합니다.